INTRODUÇÃO CRÍTICA AO PROCESSO PENAL

Felipe Martins Pinto

Advogado Criminalista. Pós-Doutorado em Direito pela Faculdade de Direito da Universidade de Coimbra.
Mestre e Doutor em Ciências Penais pela UFMG.
Professor de Direito Processual Penal nos Cursos de Graduação, Mestrado e Doutorado da UFMG.

INTRODUÇÃO CRÍTICA AO PROCESSO PENAL

2ª EDIÇÃO

Del Rey EDITORA

Belo Horizonte
2016

Impresso no Brasil | *Printed in Brazil*

EDITORA DEL REY LTDA.
www.livrariadelrey.com.br

Editor: Arnaldo Oliveira

Editor Adjunto: Ricardo A. Malheiros Fiuza

Editora Assistente: Waneska Diniz

Coordenação Editorial: Wendell Campos Borges

Diagramação: Lucila Pangracio Azevedo

Revisão: RESPONSABILIDADE DO AUTOR

Capa: CYB Comunicação

Editora / MG
Rua dos Goitacazes, 71 – Sala 709-C – Centro
Belo Horizonte – MG – CEP 30190-050
Tel: (31) 3284-5845
editora@delreyonline.com.br

P659i Pinto, Felipe Martins
Introdução crítica ao processo penal – 2ª edição / Felipe Martins Pinto. Belo Horizonte: Del Rey, 2016.
xx + 196 p.
ISBN: 978-85-384-0468-2
1. Processo penal, Brasil. I. Título.
CDU: 343.1

À Maria Eduarda e à Letícia, eternas
razões para o meu viver e, principalmente,
a Deus, sempre e por tudo, inclusive pela
plenitude de tê-las ao meu lado.

"Forse avete più timore voi nel pronunziare la mia sentenza, che io nel receverla!"

Giordano Bruno

SUMÁRIO

PREFÁCIO xiii

APRESENTAÇÃO xvii

INTRODUÇÃO 1

1 PRINCÍPIO DA VERDADE REAL 5

1.1 ALGUMAS BASES HISTÓRICAS 5

1.1.1 Delineamentos sobre o surgimento e o desenvolvimento da inquisição 5

1.1.2 Apontamentos sobre o processo inquisitório 14

1.1.2.1 O princípio da verdade real 16

1.1.2.2 O sistema de provas legais ou tarifadas 17

1.1.2.3 A tortura como meio apto a aferir a verdade real 18

1.1.3 A verdade real no período iluminista 23

1.2 REMINISCÊNCIAS CONTEMPORÂNEAS DA VERDADE REAL INQUISITORIAL 26

1.2.1 O dever constitucional de fundamentação das decisões jurisdicionais 28

1.2.2 A utilização da verdade real em decisões jurisdicionais como um meta-argumento 30

1.2.2.1 A verdade real utilizada como fundamento para permitir que julgador integrante de órgão colegiado altere o voto após ouvir a manifestação do voto-vista 30

1.2.2.2 A verdade real inserida na decisão como justificativa para a substituição do exame de corpo de delito em crimes que deixam vestígio por outros meios de prova 32

1.2.2.3 A verdade real como motivação de decisão que a utilização da confissão como alternativa para substituir o exame de corpo de delito em crimes que deixam vestígio 35
1.2.2.4 A verdade real como fundamento para o não desmembramento de processo 40
1.2.2.5 A verdade real utilizada como motivação de decisão que indefere requerimento de prova da defesa 41
1.2.2.6 A verdade real na condição de fundamento para a mitigação do direito à intimidade 43
1.2.2.7 A verdade real como motivação para não declaração de nulidade em processo com deficiência de defesa 47
1.2.2.8 A decretação ou a manutenção da prisão provisória com respaldo no princípio da verdade real 51
1.2.2.9 A verdade real utilizada como argumento para autorizar a instrução de ofício pelo juiz 57
1.2.2.10 A verdade real como elemento de fundamentação da instrução de ofício pelo Órgão revisor no Tribunal de Apelação 68
1.2.2.11 A validade da instrução pessoal pelo juiz escorada no argumento de busca da verdade real 69
1.2.2.12 A Lei 9.034/95 como exemplo de uma nefasta tendência estrutural de negar a crise estatal a partir de leis panfletárias e que forjam uma sensação de segurança 73

2 ALGUMAS CONTRIBUIÇÕES DA FILOSOFIA PARA A DISCUSSÃO SOBRE A VERDADE NO PROCESSO PENAL 79

2.1 APONTAMENTOS SOBRE A TEORIA DA CORRESPONDÊNCIA – CORRENTE FILOSÓFICA LARGAMENTE UTILIZADA PARA FUNDAMENTAR A VERDADE REAL NO PROCESSO PENAL 79

2.2 A IMPOSSIBILIDADE IDEOLÓGICA, TEÓRICA E PRÁTICA DE SE ALCANÇAR A VERDADE NO PROCESSO PENAL A PARTIR DA TEORIA DA CORRESPONDÊNCIA 83

2.2.1 Impossibilidade Ideológica 84

2.2.3 Impossibilidade Prática 87

2.4 ASPECTOS GERAIS DA FILOSOFIA DA LINGUAGEM SOB A ÓTICA DE GADAMER 108

2.5 A OBTENÇÃO DA VERDADE NAS CIÊNCIAS HISTÓRICAS SOB A ÓTICA DA TEORIA DA LINGUAGEM EM GADAMER 119

3 A AUTONOMIA DO PROCESSO 125

4 O PAPEL DA LINGUAGEM PARA A CONSTRUÇÃO DA VERDADE NO PROCESSO PENAL 131

4.1 ESTADO DE DIREITO 135

4.2.1 Princípio do contraditório: o principal instrumento de transposição da democracia para o processo penal 148

4.2.1.1 A estrita vinculação entre democracia e a consolidação da participação dos afetados na construção das decisões 156

4.2.1.2 Conceito e necessidade 160

4.2.1.3 O contraditório enquanto garantia constitucionalmente assegurada 165

4.2.1.4 O objeto do contraditório 168

4.2.1.5 Contraditório como princípio da defesa: um passo além da construção de Elio Fazzalari para o processo penal 169

5 UMA PROPOSTA PARA A CONSTRUÇÃO DA VERDADE NO PROCESSO PENAL 173

CONCLUSÃO 179

REFERÊNCIAS 183

PREFÁCIO À SEGUNDA EDIÇÃO

Confesso que me senti surpresa com o convite para prefaciar a segunda edição deste livro. Em especial porque sempre me reconheci nos trabalhos de direito penal e há muito não me dedico aos estudos de direito processual penal.

Ainda assim aceitei o convite porque, com efeito, o princípio da "verdade real" sempre me chamou a atenção neste âmbito. Esta foi a oportunidade de me encontrar com o maravilhoso estudo sobre a matéria realizado pelo autor, tema árduo e difícil que, no entanto, é exposto com a profundidade e a simplicidade próprias daqueles que se dedicam à pesquisa e ao magistério superior.

O livro ora publicado, já em sua segunda edição, cuida do tormentoso problema relativo à "verdade" no processo penal.

Tema importante porque é necessário estabelecer e reconhecer a liberdade moral da pessoa na assunção da prova, ao se proceder à reconstrução do fato histórico, no processo penal.

As normas processuais pertinentes à matéria assumem especial relevo, não apenas diante do acusado, mas também em face de peritos, testemunhas, etc.

Todas as disposições que dispõem sobre procura da verdade em matéria processual penal, se ligam – ou deveriam estar ligadas – a uma espécie de filosofia que pretende excluir meios de procura da prova, *e. g.*, a tortura, a narcoanálise, a hipnose, a denominada máquina da verdade. Princípios de caráter ético, que se afirmaram com o iluminismo, ao longo da mesma estrada que levou à abolição da tortura. Vencia a ideia propugnada por Cesare Beccaria, segundo a qual a pessoa deve ser tratada como fim e não como meio.

Até hoje o tema se mostra candente diante de expedientes utilizados em relação à pessoa, para reconstruir o fato histórico, no âmbito do processo penal. A propósito, diz o autor que

> "A busca da verdade real tem sido o mote para uma série de violações e limitações do jus puniendi e às garantias e direitos individuais, permitindo a vigência de uma arbitrariedade e de uma pessoalidade no exercício jurisdicional nocivas à consolidação da natureza democrática do Estado."

Eis a atualidade do livro escrito pelo Prof. Doutor Felipe Martins Pinto, que discorre sobre o tema por ele escolhido com segurança e autoridade.

Para tanto, indica e explica a diversidade de teorias que procuram dar fundamentação para a busca da verdade no processo sob os aspectos filosófico e ideológico, com apurado viés crítico em relação a cada uma delas.

Evidentemente conclui que a verdade no processo é eivada de relatividade, uma vez que "*é aferida como resultado do exercício da atividade jurisdicional que lhe é imanente*".

O autor expõe, com habilidade didática própria dos docentes, as diversas formas em que a "verdade real" ainda é utilizada como fundamento de diversos atos e institutos processuais e, assim, demonstra como esta verdade, aplicada à matéria probatória e de posterior convicção, pode mitigar o direito à intimidade, fundamentar a não declaração de nulidade em processo com deficiência de defesa, autorizar a instrução de ofício pelo juiz, dentre tantos outros prejuízos que pode trazer à reconstrução do fato histórico, à qual se destina o processo penal.

Enfim, em todo o livro perpassa, de forma profunda, clara e didática, a preocupação de construir uma noção de "verdade no processo penal", compatível com o Estado Democrático de Direito e a imprescindível dignidade da pessoa.

O estudo que tenho a honra de prefaciar é jurídico-humanista. E para aqueles que conhecem o autor, é fácil compreender o que estou dizendo. O jovem e, ainda assim, já experimentado professor e advogado, Doutor Felipe Martins Pinto, sempre demonstrou imensa sensibilidade para com os direitos de liberdade da pessoa e é com altivez e alegria que transmite esta sensibilidade aos alunos da Faculdade de Direito da UFMG – a Vetusta Casa de Afonso Pena – onde exerce, com mestria, suas atividades docentes.

Por isto, esta publicação é de imprescindível leitura para pesquisadores do Direito e o processo penal, apresentando ademais especial interesse para alunos, professores, magistrados, advogados, promotores de justiça e todos os profissionais que lidam com a matéria.

Sheila Jorge Selim de Salles
Chefe do departamento de
Direito e Processo Penal da UFMG.
Professora associada de Direito Penal da UFMG.

APRESENTAÇÃO

Jane Silva
Desembargadora Aposentada do TJMG

Esta obra resultou da tese de doutorado que o Professor Felipe Martins Pinto apresentou, defendeu e obteve aprovação, perante a Universidade Federal de Minas Gerais no ano de 2009, diante de rigorosa banca composta pelos professores doutores Sérgio Luiz Souza Araújo, Mônica Sette Lopes e Daniela de Freitas Marques, da mesma universidade e, ainda, dos professores doutores Cláudio Roberto Cintra Bezerra Brandão, da Universidade Federal de Pernambuco e Aury Celso Lima Lopes Júnior, da Pontifícia Universidade Católica do Rio Grande do Sul.

O autor, além de possuir experiência comprovada no magistério exercido em inúmeras Faculdades, age hoje como professor concursado de Processo Penal, da Faculdade de Direito da Universidade Federal de Minas Gerais. É advogado perante a Justiça Estadual e Federal, de primeira e segunda instância, assim como diante dos Tribunais Superiores. Reiteradamente é convidado para ministrar aulas, palestras e conferências em inúmeros estabelecimentos de ensino jurídico, bem como em simpósios, cursos e congressos, inclusive em eventos da Escola Judicial Desembargador Edésio Fernandes, do

Tribunal de Justiça de Minas Gerais. É membro fundador do Instituto de Ciências Penais e participa do Instituto Brasileiro de Ciências Criminais. É autor de outros livros e de inúmeros artigos jurídicos.

Apresentar esta obra é tarefa fácil, porquanto o seu valor já resulta da escolha do tema, vez que a controvérsia que o cerca é inesgotável.

A verdade no Processo Penal é assunto que apresenta interesse não só de natureza histórica e filosófica, como grande importância no cotidiano da jurisdição criminal, posto que entendê-la é vital no processo penal de conhecimento, de modo a realizar uma boa distribuição da justiça e resguardar os direitos daqueles que a ele se sujeitam.

Pretende o autor superar o mito da verdade real e chegar a um critério para estabelecer no processo de conhecimento a verdade processual, dizendo-a de natureza relativa, vez que deve estar sujeita a limites impostos pelo modelo adotado pelos diferentes ordenamentos jurídicos, resultantes de princípios, regras, normas, conceitos e noções.

O talentoso professor faz um passeio histórico sobre a verdade no processo penal até alcançar os nossos dias, sem deixar de lançar um olhar filosófico sobre o tema e suas principais correntes, discutindo a sua aceitação e plausibilidade, acentuando a pertinência da corrente preconizada por Gadamer, chegando à verdade no processo penal conforme os signos próprios do Estado Democrático de Direito.

A obra indica a vasta bibliografia consultada, demonstrando que foi precedida de cuidadosa pesquisa científica.

A linguagem usada é clara, sem desprezar as exigências técnicas nas exposições feitas, assim como a conclusão é o justo resumo do pensamento do autor.

Oferece-se, assim, aos leitores, um trabalho sério, que responde ao objetivo desafiador do tema.

INTRODUÇÃO

Os estudos sobre a construção da verdade no processo penal, apesar da inquestionável importância, tradicionalmente são bastante acanhados e, em geral, alcançam conclusões reacionárias e atreladas à corrente filosófica da verdade como correspondência, própria do modelo processual inquisitivo, em que a apuração do fato se sobrepuja às normas do ordenamento jurídico e à proteção da pessoa integrante do pólo passivo do processo penal.

A verdade, locução polissêmica, comporta concepções semânticas diversas e a sua inserção enquanto conteúdo legitimador do provimento jurisdicional penal exige um estudo problematizador, cujos resultados ofereçam uma acepção de verdade condizente com a natureza jurídica do Estado em que está inserida. No caso do Brasil, a verdade deve, inexoravelmente, harmonizar- se com o modelo de Estado Democrático de Direito.

O corriqueiro e nefasto hábito, presente em bancos universitários e na prática forense, de menosprezar a necessidade de conceituação dos institutos jurídicos que, não raro, são definidos a partir de *clichés*, avulta no estudo da verdade no processo penal.

A reprodução de *clichés* por acadêmicos e profissionais do Direito, pronunciados com grande impostação, entusiasmo e com a autoridade da fiel reprodução da fórmula petrificada, fruto de uma primorosa capacidade de memorização *ipsi literis* das palavras mecanicamente pronunciadas pelos "mestres do conhecimento", fomenta uma elucubração sobre o aprendizado e a aplicação do Direito.

A tendência mecanicista do Direito está sedimentada em uma estrutura de avaliação com o foco na informação como único instrumento necessário para a construção do saber, em total desprezo à experiência e ao sentimento e consubstanciada em rígidos gabaritos oficiais, cuja validade advém da correlação com os argumentos contidos em manuais que compartimentam as chaves para as portas da estabilidade financeira e profissional, mas principalmente para a afirmação mercadológica das instituições de ensino, as quais, via de regra, visam à obtenção de números úteis como propaganda para atrair novos ingressos.

O interrogatório de Eichmann realizado entre os dias 29 de maio de 1960 e 17 de janeiro de 1961 é uma excelente referência para a crítica de um ensino alicerçado em fórmulas prontas e compulsivamente repetidas em textos, aulas e avaliações e demonstra a correlação entre uma estrutura repressora de ensino e a gestão opressora do Estado.

Eichmann, ministro das relações exteriores do governo nazista, abusou dos *clichés* nas declarações judiciais em seu julgamento, externando a incapacidade de explicar, com as suas próprias palavras, os jargões largamente utilizados em resposta às indagações do juiz, deficiência essa que lhe acompanhara deste os tempos de escola.

> Era engraçado quando, durante a inquirição sobre os documentos Sassen, feita em alemão pelo juiz presidente, ele usou a frase *kontra geben* (pagar na mesma moeda), para indicar que havia resistido aos esforços de Sassen para melhorar suas histórias; o juiz Landau, desconhecendo os mistérios dos jogos de cartas (de onde provém a expressão), não entendeu, e Eichmann não conseguiu achar nenhuma outra maneira de se expressar.[1]

Inúmeros *clichés* enaltecem a verdade no processo penal, mas o aprofundamento no estudo da verdade aferível a partir do exercício jurisdicional, especialmente na esfera penal e a sua contextualização com as mudanças jurídico-políticas operadas, reveste-se de grande importância e atualidade diante do modelo de Estado adotado pela Constituição de 1988, centrado na dignidade da pessoa humana, na liberdade da pessoa e no exercício democrático do poder estatal, alcançando, ainda, uma maior relevância por estar inserido em uma realidade marcada pela inflação legislativa de normas incriminadoras, que geram uma banalização da seara penal.

A presente obra objetiva propor a discussão de conceitos, institutos e categorias fundamentais para o estudo do processo penal no panorama de um Estado Democrático de Direito.

---

1 ARENDT, Hannah. *Eichmann em Jerusalém*: um relato sobre a banalidade do mal. Trad. José Rubens Siqueira 5. ed. São Paulo: Companhia das Letras, 2004. p. 61.

1

PRINCÍPIO DA VERDADE REAL

1.1 ALGUMAS BASES HISTÓRICAS

A contextualização do surgimento do princípio da verdade real é uma etapa relevante no desenvolvimento do presente trabalho, uma vez que a essência do princípio que consistiu em um dos alicerces de estruturação do processo inquisitório medieval e moderno, mantém-se até os dias de hoje como fundamento de inúmeras decisões jurisdicionais.

Assim, a investigação dos verdadeiros propósitos do processo no período da Inquisição, mascarados por argumentos de retórica extremamente atraentes para o ouvinte ingênuo ou desatento servirá de suporte para a análise do princípio da verdade real no momento presente.

1.1.1 Delineamentos sobre o surgimento e o desenvolvimento da Inquisição

A descoberta do gérmen da inquisição já mereceu a dedicação de inúmeros historiadores e suas conclusões não são necessariamente convergentes. Alguns estudiosos remontam a gênese do movimento ao século IX, durante o reinado da terceira dinastia de Califas, os Abássidas, sobre o império mulçumano, momento em que se instituiu "[...] a *minha* para reprimir toda heresia que afrontasse a doutrina de Maomé, mas a tese é desprovida de fundamento"[1].

A origem mais consolidada da inquisição tem suas raízes no Império romano com a *cognitio extra ordinem*[2] e, posteriormente, ainda no Direito romano antigo, com a expressão *inquisitio* que representava a formulação de uma acusação pela autoridade judicial, quando ausentes denúncias ou acusações sustentadas por testemunhas.[3]

Complementarmente às cruzadas que, a partir de 1095, com o Papa Urbano II, inauguraram uma nova rota para o domínio de Deus, no final do século XII, deflagrou-se a Inquisição Medieval, movimento político-religioso em que a Igreja Cristã arquitetou uma reação contra a difusão no ocidente de movimentos heréticos como o maniqueísmo, o valdismo e, mais tarde, o cartarismo[4]. A Igreja nutriu especial preocupação com os cátaros de Albi, pois apesar de originalmente se concentrarem no sul da França, as suas ideias se irradiaram a outras regiões próximas e demonstraram uma impressionante capacidade de penetração e proselitismo no interior das novas classes, desenvolvidas graças ao ressurgimento do urbanismo após o ano mil.[5]

---

1 [...] la *minha* per reprimere ogni heresia nei confronti della doutrina di Maometto, ma la tesi è priva de fondamento. *In*, CÁRCEL, Ricardo Garcia. *L'inquisizione*. Trad. Stefano Baldi. Milão: Fenice 2000. p. 6. (Tradução livre).

2 MARICONDE, Alfredo Vélez. *Derecho procesal penal*. 2. ed. Buenos Aires: Lerner, 1969. t. I. p. 93.

3 CÁRCEL, Ricardo Garcia. op cit. p. 6.

4 *Ibdem*.

5 BENAZZI, Natale, D'AMICO, Matteo. *Il libro nero dell'inquisizione*. 9. ed. Milão: Piemme, 2002. p. 8-9.

Após a eficaz investida contra os cátaros, a Inquisição assumiu sua primeira forma concreta a partir de sua codificação no decreto papal *Ad abolendam*[6] emanado pelo Papa Lúcio III no ano 1184, no qual se estabeleceu o primeiro delineamento do procedimento inquisitorial.

Posteriormente, as bulas papais *Licet ad capiendos* (1233) e *Ad Exstirpanda* (1252), ambas de autoria do Papa Gregório IX e a bula Clementina Saepe (1306), de autoria do Papa Clemente V, incrementaram a perseguição aos hereges e, mais tarde, a partir do ano 1438, com a descoberta de reuniões sabáticas na região alpina principiou-se, também, a caça a feiticeiras.[7]

Sob o pálio de combater o diabo e as suas diversas manifestações, a Igreja operou um combate, não só aos maniqueístas, valdistas e cátaros, mas uma batalha irrestrita e intolerante à diversidade de opiniões e de crenças, enfim, às diferenças. Assim, imprimiu-se uma perseguição a judeus, moriscos, feiticeiras, pensadores livres e místicos.[8]

A palavra heresia, que em grego (αιρεσις) significa escolha[9], a partir da manipulação imposta pela Inquisição tornou-se um termo genérico e com conotação depreciativa a partir do qual incluíam aleatoriamente quaisquer condutas que fossem consideradas contrárias, novas ou simplesmente diferentes do *stablishment*. O objetivo primordial não era a imposição da sanção ao

---

6 LUCIO III PP, Decreto *Ad abolendam*, 4 de novembro de 1184, en *Bullarum diplomatum et privilegiorum Sanctorum Romanorum Pontificum. Taurinensis: 1858*, Torino. p. 20-22.

7 CÁRCEL, Ricardo Garcia. *L'inquisizione*. *op cit*. p. 8.

8 BENAZZI, Natale, D'AMICO, Matteo. *op cit*. p. 9-10.

9 Dicionário académico de grego-portugês/portugês-grego. Porto: Porto Editora, 2008.

suposto infrator. Na verdade, consistia em um instrumento com o qual, pelo medo generalizado, impunha uma forma única de visão de mundo, de estruturação dos poderes oficiais e de estratificação social, escoradas em argumentos religiosos.

A visão de uma sociedade cristã unificada e ordenada era um ideal para os líderes da Igreja. A cristandade era concebida como um todo integrado e hierárquico. Qualquer pessoa ou grupo que levasse uma vida religiosa fora da estrutura eclesiástica estabelecida era por definição um herege e sujeito à disciplina punitiva das autoridades seculares à qual a Igreja recorria. Falhas morais ou indiscrições pessoais não eram consideradas como problemas religiosos de vulto dentro dessa estrutura. A Igreja tinha um oportuno sistema de absolvição, que era capaz de cuidar desses assuntos por parte do clero e do laicato igualmente. O que era repreensível era a vida religiosa praticada fora das ordens e da disciplina da Igreja.[10]

A Inquisição medieval também se instalou na Espanha (1239), mas as cicatrizes mais profundas e doloridas, fruto da cumplicidade da Espanha com a estrutura inquisitorial cristã, remontam à Idade Moderna quando se verifica "uma mudança radical da situação por obra dos Reis Católicos Isabela de Castilha e Fernando d'Aragão e como efeito da união de suas coroas".[11]

---

10 IRVIN, Dale T., SUNQUIST, Scott W. *História do movimento cristão mundial.* Trad. José Raimundo Vidigal. São Paulo: Paulus, 2004. Vol I. p. 506

11 [...] *a un cambiamento radicale della situazione a opera dei Re Cattolici Isabella di Castiglia e Ferdinando d'Aragona e per effetto dell'unione delle loro corone. In*, CÁRCEL, Ricardo Garcia. *op cit.* p. 10. (Tradução livre).

Importante ressaltar que a Península Ibérica foi o palco de subsequentes dominações: bárbaras, judaicas e muçulmanas. Por essa razão, os Reis Isabela e Ferdinando, após a expulsão dos judeus e, em seguida, dos mulçumanos, ansiosos para estabelecerem a unidade nacional do jovem Estado espanhol, preocupados com os problemas religiosos e sociais surgidos com a conversão dos judeus e temerosos com a iminente emersão de uma classe média, intuíram um Tribunal do Santo Ofício que consistiu em instrumento eficaz na manutenção do controle social e na preservação da hegemonia política recém-conquistada.

Dessa forma, os dois soberanos espanhóis promoveram uma pressão sobre o Papa Sisto IV para que se instituísse uma nova Inquisição na Espanha e, como principal argumento, sustentavam o risco que os judeus radicados na Península Ibérica representavam para o Estado cristão espanhol.

Relevante trazer a lume que o alegado argumento anti-semita, como fundamento para a refundação da Inquisição, carece de amparo fático uma vez que a conversão forçada em massa foi verificada entre 1391 e 1415 e, desde então, as manifestações judaicas tornaram-se reduzidas, tão somente, a alguma cerimônia folclórica.[12]

Mas, diante da insistência dos Reis espanhóis, e*m* "1º de novembro de 1478 a bula *Exigit sinceras devotionis affectus* emanada do papa Sisto IV concede aos Reis Católicos a prerrogativa de designar dois ou três bispos ou sacerdotes seculares ou regulares, desde que maiores

---

[12] CÁRCEL, Ricardo Garcia. *op cit.* p. 13.

de quarenta anos, de conduta irrepreensível e detentores de títulos acadêmicos pertinentes – para desempenhar o papel de inquisidores nas cidades e nas dioceses de seus reinos".[13]

Em ato contínuo, o Papa Sisto IV, sob a ameaça da perda do amparo bélico espanhol que garantia proteção a domínios da Igreja, vê-se constrangido a reconhecer a nova Inquisição nos reinos de Castilha e de Aragão, em abril de 1482.

Arrependido, o pontífice até tentou retroceder e cassar a concessão, mas a situação já adquirira contornos de uma consolidação inexorável que veio a culminar com a nomeação do frei dominicano Tomás de Torquemada[14] como inquisidor geral dos reinos de Castilha e Aragão em outubro de 1483, evento reconhecido como a referência do nascimento da Inquisição Moderna,[15] marcada, em contraposição à Inquisição Medieval, pelo controle direto exercido pela monarquia.

---

13 *"Il 1º novembre 1478 la bolla Exigit sinceras devotionis affectus emanata da papa Sisto IV concesse al Re Cattolici la potestà di designare due o tre vescovi o sacerdoti secolari o regolari – purchè ultraquarantenni, di condotta irreprensibile e forniti di adeguati titoli accademici – a svolgere il compito di inquisitori nelle cità e nelle diocesi deli loro regni." Ibdem.* p. 10. (Tradução livre).

14 O Frei Tomás de Torquemada recebeu a atribuição de destruir a heresia pelo fogo, tarefa desempenhada com enorme prazer. *Caindo em êxtase diante do desfile de condenados, chorando de alegria ao ver os judeus ardendo na fogueira, Torquemada foi o responsável por quase metade dos cremados pela Inquisição espanhola em toda sua história: cerca de 2 mil vivos e 15 mil garroteados até 1490.* In, NAZARIO, Luiz. *Autos-de-fé como espetáculos de massa.* São Paulo: Associação Editorial Humanitas – Fapesp, 2005. p. 60.

15 CÁRCEL, Ricardo Garcia. *op cit.* p. 12.

Ademais, a Inquisição Espanhola (1478–1821), cujo âmbito de atuação se estendeu em um segundo momento à América, foi precursora da Inquisição Portuguesa (1536–1821) e da Inquisição Romana (1542–1965).

A utilização do Tribunal do Santo Ofício como braço do poder real é um dado indiscutível, sobretudo durante os séculos XVI e XVII, quando consistiu no principal instrumento apto a preservar o poder dos soberanos e conferir efetividade a suas determinações.

A religião, a moral e o direito estavam visceralmente ligados, amalgamados e, dessa forma, havia a interferência de dogmas e de argumentos de matizes divinas na própria estruturação jurídico-política do Estado, cujas ações passaram a gozar de uma "legitimação eclesiástica".[16]

> Todavia, a Inquisição não foi um simples tribunal político: a ambiguidade de sua natureza permanece como característica fundamental. Se o rei podia nomear os inquisidores gerais, julgar os recursos contra a Inquisição e dirimir as controvérsias jurisdicionais, o papa permanece como depositário da autêntica legitimidade da instituição, que sempre reivindicou o fundamento espiritual como sua prerrogativa.[17]

A busca obsessiva por uma absoluta homogeneidade religiosa é explicável na medida em que o fenômeno religioso consistia em um elemento de fundamental relevância social, política e moral, caracterizando-se

---

16 [...] *legitimazione eclesiastica* [...]" *Ibdem*. p. 10. (Tradução livre).

17 *Tuttavia, l'Inquisizione non fu un mero tribunale politico: l'ambiguità dalle sua natura rimase una caractteristica fondamentale. Se il re poteva nominare gli inquisitori generali, giudicare i ricorsi contro l'Inquisizione e dirimere le controversie giurisdizionali, il papa rimase il depositario dell'autentica legittimità dell'istituzione, che rivendicò sempre il fondamento spirituale delle sue prerogative. Ibdem*. p. 15. (Tradução livre).

como base de solidez do Estado, permitindo uma manipulação ideológica da população e impondo um eficaz mecanismo de terror o qual gerava um amedrontamento coletivo.[18]

A vinculação do poder da fé ao poder político e jurídico conferiu à Inquisição espanhola, na prática e no senso coletivo, a condição de uma das mais nefastas e tenebrosas realizações da humanidade.

Na prática, tanto na Inquisição Medieval quanto na Inquisição Moderna não se preocuparam em extirpar todos os hereges, os quais, na verdade, eram aleatoriamente caçados e se não fossem encontrados, eram criados para servirem de símbolo visando, dessa maneira, incutir-se no imaginário popular o risco abstrato de uma condenação pelo Tribunal do Santo Ofício. Para tal intento, bastavam poucos processos, um número reduzido de execuções públicas de cenografia bem chocante e impressionante, a manutenção do mito dos segredos inquisitoriais e das terríveis torturas a que eram submetidos os acusados, a exaltação da vergonha e a da ruína econômica de uns poucos infelizes, para, assim, manter-se a totalidade das pessoas em um estado de plena submissão à autoridade moral da Igreja, agora visceralmente vinculada ao poder secular.

> Progressivamente, o auto-de-fé transformou-se num espetáculo de massa anual, produzido minuciosa e luxuosamente. Nesse teatro pedagógico, a poltrona do inquisidor encontrava-se mais elevada do que o próprio balcão do rei, e os inquisidores gastavam algumas vezes, banqueteando após a cerimônia, mas do que o triplo

[18] BENAZZI, Natale, D'AMICO, Matteo. *op cit.* p. 13.

> do que custava, na época, a alimentação de um preso durante um ano inteiro
>
> [...]
>
> Todo penitente sentenciado devia usar o sambenito durante o auto-de-fé, juntamente com a carocha, espécie de mitra de papelão com pinturas extravagantes, colocada na cabeça, geralmente ostentando o 'crime' do portador.[19]

Os condenados à fogueira "eram despojados de seus sambenitos após o auto, e antes de chegarem à fogueira, pois os hábitos que usavam eram colocados nos muros das igrejas paroquiais como bandeiras arrancadas ao inimigo, para perpetuar a memória de sua vergonha e advertir seus descendentes. Quando o hábito apodrecia, era substituído por grandes pedaços de tela amarela, com nome, família, delito e pena do condenado. Um dos deveres do inquisidor, quando fazia as inspeções periódicas a seus distritos, era examinar nas igrejas os sambenitos e os pedaços de tela para ver se estavam sendo devidamente conservados. As igrejas acumulavam centenas de sambenitos, regularmente restaurados como uma espécie de fichário de um monstruoso arquivo policial".[20]

Chama atenção a longevidade de que desfrutou a Inquisição enquanto meio eficaz de controle político-social, explicável pelo fato de que ao longo de sua existência elegeu, como pretexto para a violência, vários interesses que, formalmente, se diversificaram no tempo: perseguição a judeus convertidos, mulçumanos convertidos,

---

19 NAZARIO, Luiz. *op cit*. p. 93.

20 *Ibdem*. p. 94.

protestantes, feiticeiras, maçons, livres pensadores e outros considerados hereges.

1.1.2 Apontamentos sobre o processo inquisitório

Apesar de surgido na antiguidade, o sistema processual inquisitorial, a partir da Idade Média, passa a receber os influxos do Direito Canônico e o órgão julgador, além de decidir o litígio, era incumbido de elaborar a acusação penal, *ex officio* e perscrutar as provas, incluída aí a investigação sobre o acusado que, despido de garantias processuais, era considerado um mero objeto de investigação[21].

A denúncia anônima, como meio apto a instaurar o processo, em princípio foi utilizada com reservas, mas em um segundo momento foi autorizada para as mais diversas hipóteses, sendo amplamente recepcionada.[22]

O juiz-acusador valia-se de um procedimento investigatório secreto para carrear elementos que ratificassem a acusação por ele próprio elaborada e que resultava de dados colhidos *a priori*. "A prova não era fator de convencimento do juiz, mas instrumento para este convencer os outros do acerto da acusação que apresentara liminarmente"[23].

O processo inquisitório consistiu em peça fundamental na engrenagem da Inquisição, prestando-se ao molestamento, à inflição de castigos e flagelos aos desafetos da Igreja, restando, dessa forma, completamente escancarado o objetivo de dominação geral da população que norteou o movimento inquisitorial.

---

[21] JARDIM, Afrânio Silva. *Ação penal pública – princípio da obrigatoriedade*. 4. ed. Rio de Janeiro: Forense, 2001. p. 24.

[22] MARICONDE, Alfredo Vélez. *op cit*. T. I. p. 98.

[23] JARDIM, Afrânio Silva. *op cit*. p. 24-25.

O método inquisitorial, a partir de sua dupla origem: religiosa e secular, representa uma nova forma de exercício de poder, uma vez que as guerras e os duelos foram substituídos pelas perguntas.[24]

No período medieval e nas décadas que precederam a Idade Moderna sucederam-se, em tribunais improvisados, vários processos sumários no campo e em lugares mais isolados a partir dos quais submeteram à tortura e à morte os acusados de heresia.

No entanto, a partir dos séculos XIV e XV, eclodiu uma nova metodologia para o desenvolvimento das atividades judiciais: "Os tribunais seculares e eclesiásticos adotaram o sistema inquisitório dito de 'processo penal', que facilitou e promoveu o desenvolvimento dos processos por feitiçaria".[25]

> A caça a feiticeiras ocorrida no século XV teve o apoio do aparato judiciário e do corpo jurídico que foram reformados. Todo o processo de descoberta e eliminação das feiticeiras se desenvolvia a partir de então no âmbito judiciário.[26]

A universidade consistiu no grande celeiro de recrutamento dos inquisidores. Em Toledo, por exemplo,

---

24 FOUCAULT, Michel. *A verdade e as formas* jurídicas. Trad. Roberto Cabral de Melo Machado e Eduardo Jardim Morais. Rio de Janeiro: Nau/PUC, 1996. p. 54 ss.

25 *I tribunali secolari ed ecclesiastici adotarono il sistema inquisitorio detto di 'procedura penale', che facilitò e promosse lo svolgimento dei processi per stregoneria.* ANGELIS, Vanna de. *Le streghe*: storia di donne che nacquero fate e morirono amanti del diavolo. 2. ed. Padova: Piemme, 2003. p. 237. (Tradução livre).

26 *La caccia alle streghe che verrà scatenata nel Cinquecento ebbe l'appoggio dell'apparato giudiziario e del copus giuridico che erano stati riformati. Tutto il processo di scoperta ed eliminazone delle streghe si svolgeva ormai nell'ambito giudiziario. Ibdem.* p. 237. (Tradução livre).

dos 57 inquisidores que atuaram na localidade, 41 eram graduados e 14 doutores acadêmicos.[27]

Em cada tribunal atuavam dois inquisidores. A partir do ano 1498, com o objetivo de abarcar toda a complexidade que envolvia os objetos dos processos inquisitórios, os tribunais eram quase sempre compostos por um jurista e um teólogo.[28]

Dentre os institutos que compunham a estrutura do processo inquisitório, três gozam de especial atenção no presente estudo: a verdade real ou material como objetivo processual, o sistema de provas legais ou tarifadas e a tortura como método de investigação.

1.1.2.1 O princípio da verdade real

O estudo das raízes da verdade real e da estrutura do processo inquisitório é extremamente relevante, uma vez que o princípio ainda arrebanha inúmeros profissionais do direito que o utilizam sem reparos em sua essência inquisitorial e, assim, tentam justificar o sacrifício de garantias, direitos e regras em prol da apuração do fato ocorrido.

A busca da verdade real como finalidade da *praxis* judicial fincou-se como um dos principais pilares dogmáticos que sustentavam o processo inquisitório. A própria semântica do *nomen jures* 'inquisição': averiguação minuciosa e indagação, já remete à essência da concepção inquisitiva sustentada pelos doutrinadores e ratificada pela prática judicial do período.

A partir da referência estabelecida como objetivo processual passou-se a compreender que quaisquer meios

---

27 CÁRCEL, Ricardo Garcia. *op cit.* p. 25.

28 CÁRCEL, Ricardo Garcia. *op cit.* p. 24.

de apuração serviriam como instrumento para revelar o oculto e contribuir para a descoberta do acontecido.[29] Todos os demais valores e interesses que, de alguma forma, pudessem sofrer alguma interferência a partir do processo (liberdade ambulatorial, integridade física, dignidade da pessoa humana, segurança jurídica, etc.) eram inferiores, menores e o seu sacrifício, em cotejo com a busca da verdade real, era perfeitamente justificável.

1.1.2.2 O sistema de provas legais ou tarifadas

A estruturação do processo inquisitório contou com alguns princípios herdados do Direito Canônico e que, sob um manto de racionalidade, visavam tolher a liberdade e a autonomia dos juízes, especialmente no tocante à apreciação dos elementos instrutórios.

Em primeiro lugar, houve a proibição da *purgatio vulgaris* (ordália) e, em um segundo momento, mitigou-se o conceito de certeza moral e impôs-se o dever do juiz sentenciar conforme a fórmula *secumdum acta et probata*.[30] Ademais, proporcionalmente ao enfraquecimento da íntima convicção, houve o incremento do formalismo probatório que culminou com a adoção do sistema das provas legais, em que o juiz, limitado em sua tarefa de julgar, resta adstrito aos valores abstratos e predeterminados pelo legislador para cada um dos meios de prova.

Diante da necessidade de limitar as ações dos julgadores, o sistema de provas legais apesar de não ser inerente à forma inquisitória, desfrutou de seu mais largo desenvolvimento no processo inquisitório.

---

29 OLMEDO, Jorge A. Clariá. *Derecho procesal penal.* Buenos Aires: Rbinzal – Culzoni, sd. t. I. p. 228.

30 MARICONDE, Alfredo Vélez. *op cit.* T. I. p. 100.

No sistema de provas legais, os meios de prova gozam de valor abstrato diferenciado e, por via de consequência, o magistrado não detém nenhuma liberdade na aferição do valor concreto, da robustez e da coerência das provas produzidas. Por exemplo:

> Uma testemunha veraz, fidedigna, inteligente, convence-o da culpabilidade do mais perverso dos criminosos, mas é testemunha insulada e, como vigora a regra legal de que *testis unus, testis nullus*, êle tem de absolver.[31]

Inserida nessa estrutura, a confissão foi elevada à condição de prova cabal, plena, considerada a rainha das provas (*regina probarum*) e, a partir de sua obtenção, toda a argumentação probatória tendia a um desenvolvimento tautológico e autorreferencial.

A consolidação da confissão como rainha das provas contou com os influxos religiosos que lhe conferiam a condição de indício de arrependimento, suscitando o início de uma almejada reconciliação com Deus.

1.1.2.3 A tortura como meio apto a aferir a verdade real

Atrelada à verdade real e ao sistema de provas legais, a tortura deteve destacado papel no processo inquisitório, pois "se supunha que a tortura fosse um meio para perseguir a verdade".[32]

A partir do século XIII, o ordenamento de grandes Estados nacionais, como a Sicília, a França e a Castilha adotaram a prática de tormentos, medida sem mérito

---

[31] TORNAGHI, Helio. *Instituições de processo penal.* Rio de Janeiro: Forense, 1959. vol. IV. p. 215.

[32] *Si suppone che la tortura sia un mezzo per rintracciare la verità.* VERRI, Pietro. *Ossevazioni sulla tortura.* Roma: Newton Compton, 1994. p. 88. (Tradução livre).

pelo ineditismo, posto que a tortura já era conhecida e aplicada na Antiguidade Clássica.[33]

A difusão da tortura como método de apuração acompanhou o incremento do movimento da Igreja de combate aos hereges. Inicialmente, expediu-se o decreto *Licet ad capiendos* de Gregório IX (1233), arregimentado por uma formulação inequívoca na Bula *Ad extirpanda* (1252) da autoria de Inocêncio IV, a partir de quando a aplicação da tortura, prevista para todos os processos contra os suspeitos de heresia, foi delegada a juízes civis. Mais tarde, com a bula *Multorum querela* de Clemente V, a tortura alcançou também os tribunais do Santo Ofício.

Em 1487, publicava-se o *Malleus Malleficarum*, de autoria de dois monges dominicanos Heinrich Kramer e James Sprenger, posteriormente reconhecido pela bula papal *Summis desiderantes affectibus* e que consistia numa espécie de manual para diagnóstico de feitiçarias, inclusive com descrições requintadas dos meios e modos de inflição dos suplícios aos acusados de bruxaria.

De fato, as instruções de tortura, muito mais do que um regramento, serviram como divulgação do método e estímulo para os inquisidores que, em razão do sucesso da técnica de apuração, passavam a acreditar que o "abençoado" método gozava de uma providencial infalibilidade. "De que outra forma, dizem os apologistas da tortura, de que outra forma induziremos um réu a revelar os cúmplices sem o meio da tortura?"[34]

---

[33] ANGELIS, Vanna de. *op cit.* p. 238.

[34] *Come mai, dicono gli apologisti della tortura, come mai indurremo un reo a palesare i complici senza il mezzo della tortura?* VERRI, Pietro. *op cit.* p. 88. (Tradução livre).

> Com a tortura, a confissão brotava quase espontaneamente dos lábios dos imputados, cujas carnes vinham dilaceradas por rodas dentadas, torquesas, correntes e outros instrumentos de suplício.[35]

Na prática, inexistiam freios ou regras que mitigassem os tormentos, pois, ao contrário, os abusos seriam decorrentes de uma eventual omissão na aferição da verdade, jamais fruto do excessivo zelo em investigar o fato. Assim, "as modalidade de aplicação variavam conforme os crimes e os tribunais"[36]. Há o relato de uma jovem acusada de feitiçaria que foi torturada por 56 vezes[37].

Dentro desse contexto, o interrogatório tornou-se um ato processual de extrema relevância, posto que consistia na formalização da obtenção da prova mais valiosa, na prova inquestionável e que, por essa razão, correspondia à verdade real.

O interrogatório é a perquirição da verdade por meio de tormentos, ou seja, da tortura; e à tortura se pode chamar interrogatório, sendo essa uma averiguação, uma vez que o juiz investiga a verdade por meio de tormentos.[38]

A postura dos jurisconsultos da época ilustra muito bem a extrema arbitrariedade que governava a prática

---

35 *Con la tortura, la confessione scaturiva quasi spontaneamente dalle labbra degli imputati, le cui carni venivano dilaniate da ruote dentate, tenaglie, catene e altri strumenti di supplizio.* ANGELIS, Vanna de. *op cit.* p. 237. (Tradução livre).

36 *Le modalità di applicazione variavano, a seconda dei reati e dei tribunali; [...].* ANGELIS, Vanna de. *op cit.* p. 238. (Tradução livre)

37 ROBBINS, Rossell Hope. *The encycopedia of Witchcraft and demonology*. Nova Iorque: Hardcover, 1959.

38 *Quaestio est veritatis indagato per tormentum, seu per torturam; et potest tortura appellari quaestio a quaerendo, quod judex per tormenta inquirit veritatem.* VERRI, Pietro. *op cit.* p. 61. (Tradução livre).

da tortura para a apuração das imputações: Egídio Bossi (1487-1546), o Bossi Milanês, é o autor de estudos de direito penal que cuidavam da prática criminal de Milão. No título *De Torturis*, n. 2 prescreve: "Não chamarei tortura qualquer dor que acometa o corpo: a tortura deve ser mais grave como se cortassem ambas as mãos."[39] O também penalista Giulio Claro (1525–1575) afirma "que basta que existam alguns indícios contra um homem, e se pode submetê-lo à tortura; e em matéria de tortura e de indícios, não se podendo prescrever uma certa norma, tudo se entrega ao arbítrio do juiz"[40].

Não se pode perder de vista que a engenhosa estrutura do processo inquisitório contava com o estofo teórico dos estudos de filósofos e teólogos de notória erudição que forjaram um conveniente discurso de superação das tentações (prazeres) para a manutenção do corpo puro e, ainda, a exaltação do sofrimento na efêmera vida mundana, *v.g.* jejum, pobreza e autoflagelo, como o caminho para a purificação da alma e elevação do espírito ao Paraíso, ao Reino de Deus.

Sob a manipulação desse discurso, a tortura adquiriu um caráter medicinal para a alma, pois mesmo que o acusado fosse inocente das imputações, a sua submissão aos suplícios, enquanto expiação de seus pecados, o aproximaria da divindade celestial e, dessa forma, todos os martírios, todas as dores, todas as angústias e até mesmo

---

[39] *Non chiamerò tortura ogni dolore di corpo: la tortura debb'essere più grave, che se si tagliassero ambe le mani. Ibdem.* p. 62 – 64. (Tradução livre).

[40] [...] *asserisce che basta vi siano alcuni indizj contro un uomo, e si può metterlo alla tortura; e in materia di tortura e di indizj, non potendosi prescrivere una certa norma, tuto si rimette all'arbitrio del giudice* [...] *Ibdem.* p. 62 – 64. (Tradução livre).

as marcas deixadas nos corpos (sinais externos da purificação), passaram a gozar de uma conotação benéfica.

Ora, para a Igreja, cujo poder lhe autorizava pedir satisfações a camponeses e monarcas, constranger as pessoas a comprar indulgências, extorquir taxas, punir a qualquer um que questionasse os seus dogmas, obrigar comunidades inteiras a assistir missas, liturgias e festividades, "certamente poderia inspirar um grande consenso espontâneo, em troca da consolação e do conforto que oferecia, da segurança de que a promessa da recompensa depois da morte estaria mantida"[41].

A reunião dos três relevantes pilares do processo inquisitório objeto do presente tópico: a busca da verdade real como objetivo do processo, o sistema das provas legais e a tortura como método de apuração, permite descortinar o superego coletivo imposto à coletividade, uma vez que o Tribunal do Santo Ofício desenvolveu um temor geral a partir do qual se incutiu nas pessoas um medo absoluto que as impedia de questionar dogmas, doutrinas e práticas, sob pena de serem taxadas de hereges, bruxas e feiticeiras ou qualquer outra qualificação de conteúdo impreciso, que justificasse a imposição de suplícios e flagelos.

Assim, o sistema inquisitório, a pretexto de combater um inimigo etéreo e transcendental, o demônio e suas múltiplas manifestações, prestou-se, por meio de

---

[41] *Certamente, poteva anche ispirare un grande consenso spontaneo, in cambio della consolazione e del conforto che sapeva offrire, dell'assicurazione che la promessa della ricompensa dopo la morte sarebbe stata mantenuta.* BAIGENT, Michael, LEIGH, Richard. *L'inquisizione: persecuzioni, ideologia e potere.* Trad. Anna Maria Cossiga e Gabri Passalacqua. Milão: Marco Tropea, 1999. p. 119-120. (Tradução livre).

perseguições, opressões, tormentos e suplícios, a perpetuar uma estrutura de poder e inibir quaisquer ideias e manifestações que pudessem representar uma ameaça ao *status quo*.

1.1.3 A verdade real no período iluminista

O século XVI foi o cenário do surgimento da Reforma Protestante que cindiu a unidade da cristandade mantida no ocidente[42] e fomentou um movimento de pensadores do século XVIII alicerçado em ideias focadas no direito natural[43] e embalado pelos enciclopedistas franceses: o Iluminismo, que engrossou o coro de críticas à postura da Igreja e do Estado, bem como a muitas de suas práticas. Reclamava o movimento a liberdade individual, a igualdade política e a independência do Poder Judiciário com renovação dos ritos e dos costumes dos tribunais.

Os iluministas receberam na França, um significativo apoio da burguesia, uma classe emergente que era preterida social e politicamente pela nobreza e pelo clero, mas se enriquecera e desejava maior representatividade social, mais segurança e estabilidade. Nesse contexto, em 1789, eclode a Revolução Francesa que se consubstanciou como corolário dos ideais iluministas.

Esse período histórico foi marcado pela tentativa de se criar uma edificação jurídica que impedisse qualquer

---

42 BONI, Luis Alberto de (org.). *Escritos seletos de Martinho Lutero Ttomás Muntzer e João Calvino*. Petrópolis: Vozes, 2000. p. 8.

43 Termo relativo ao agrupamento de leis morais naturais, geradas a partir da própria essência do ser humano, preexistindo a qualquer estrutura de sociedade ou agrupamento social.

intenção de retomada da estrutura político-social e jurídica da Idade Média, propiciando um evidente progresso, na medida em que expandiu a previsão legal dos chamados direitos humanos de primeira geração, conferindo um suporte positivo à liberdade da pessoa.

Adentrando diretamente no processo penal, o objetivo primordial foi encontrar um rito intermediário entre a libertinagem do sistema acusatório privado e a crueldade do modelo inquisitorial. Para tanto, procuraram devolver ao magistrado a sua condição de neutralidade e imparcialidade, afastando-o da *persecutio criminis* e, paralelamente, buscaram criar meios que permitissem a promoção das atividades jurisdicionais do Estado, independentemente do desejo, da condição ou do interesse da parte privada. Esses objetivos começaram a ser alcançados no ano de 1810, a partir de uma reforma legal na França que, corroborada pelo *Code d'Instruction Criminelle*[44], propiciou a reestruturação do Ministério Público que passou a ser o encarregado de promover a acusação nos processos penais e de fiscalizar as atividades jurisdicionais.

No entanto, cumpre ressaltar que, através de um discurso garantista e libertário, os iluministas motivaram a população mais carente, para que esta engrossasse o coro dos revolucionários, propiciando, desta forma, a assunção da burguesia ao poder.

Ao contrário das expectativas geradas, viveu-se, no momento sucessivo à Revolução Francesa, uma época de extrema miséria e marginalização dos trabalhadores

---

44 ROUX, J. A. *Précis élémentaire de droit penal et de procédure pénale.* Lion: Contant Laguerre, 1925. p. 185.

rurais e da incipiente classe operária que, a partir do reconhecimento formal da liberdade do homem e da restrição absoluta a qualquer intervenção estatal, foram lançadas à própria sorte, perdendo a "proteção que, bem ou mal, lhes conferia a estrutura paternalista feudal"[45] e sendo exploradas desumanamente pelos detentores dos mecanismos de produção.

Esse período histórico sustentou uma contradição extremamente cruel, pois os direitos formalmente garantidos não eram materialmente passíveis de gozo pela maioria da população, mas tão somente pela classe burguesa que se valeu da positivação dos direitos civis para oprimir o operariado e se manter, hegemonicamente, no poder.

As estruturas normativas, incluindo as garantias processuais penais, lastraram-se, essencialmente, em regras abstratas e ideais, que pressupunham uma concepção ideal de homem, ignorando as desigualdades sociais e as características pessoais[46].

Ademais, os iluministas, apesar de terem entoado um coro de críticas à postura da Igreja e do Estado, de terem refutado intensamente as estruturas processuais e políticas que marcaram os séculos anteriores e de terem defendido a liberdade individual, a igualdade política e a independência do Poder Judiciário, "[...] não chegaram a questionar os princípios materiais do modelo inquisitivo"[47].

---

45 FREITAS, Ricardo Brito A. P. *As razões do positivismo penal no brasil.* Rio de Janeiro: Lumen Juris, 2002. p. 57.

46 PUIG, Santiago Mir. *Derecho penal – parte general.* 5. ed. Barcelona: Tecfoto, 1998. p. 64.

47 [...] *no se llegaron a cuestionar los princípios materiales del modelo inquisitivo.* BOVINO, Alberto. *Principios políticos del procedimiento penal.* Buenos Aires: Del Puerto, 2005. p. 58. (Tradução livre).

Alguns autores do século XIX reconheceram a verdade material como o maior objetivo do processo penal e chegaram a conceber, como atribuição do juiz, o descobrimento da verdade, e para tanto deveria realizar "de ofício a pesquisa de todos os traços justificativos"[48].

MITTERMAYER chega a afirmar que, dentre os elementos que poderiam contribuir para o juiz obter a verdade absoluta, "a presunção mais forte se extrai da vida antecedente e da conduta do imputado"[49].

1.2 REMINISCÊNCIAS CONTEMPORÂNEAS DA VERDADE REAL INQUISITORIAL

Desde a Inquisição Católica até a contemporaneidade, inúmeras foram as propostas de mudanças, muitas das quais implementadas na estruturação político-jurídica do Estado. Tantas leis foram publicadas, tantas teorias foram desenvolvidas, tanta energia foi empregada para empreender alterações que, por mais radicais e efetivas que transpareçam não ultrapassam a condição de cenário de uma mesma peça, pois o *jus puniendi* continua a perseguição implacável a pretexto de alcançar objetivos nobres e elevados como a verdade real e igualmente os espetáculos de massa, *v.g.*, prisões, condenações, operações, arrebanham a servil massa de seguidores.

> Dentre os traços mais notáveis na vida da massa encontra-se algo que se poderia denominar um sentimento de

---

[48] No original, ... *di uffizio alla ricerca di tutte le tracce guistificative. In*, MITTERMAYER, C.J.A. *Trattato della prova in materia penale.* Palermo: Stabilimento Tipgrafico-librario dei Fratelli Pedone Lavriel, 1857. p. 333. (Tradução livre)

[49] No original, ... *la presunzione più forte si trae dalla vita antecedente e dalla condotta dell' imputato. Ibdem.* p. 334. (Tradução livre)

> perseguição, uma particular e irada suscetibilidade e irritabilidade em relação àqueles que ela caracteriza definitivamente como inimigos. Façam estes o que quer que façam – comportem-se eles com rispidez ou simpatia, sejam solidários ou frios, duros ou brandos –, tudo é interpretado como proveniente de uma inabalável malevolência, de uma disposição hostil à massa: um propósito já firmado de, aberta ou dissimuladamente, destruí-la.[50]

Atualmente, a verdade real é uma expressão corriqueiramente praguejada por inúmeros profissionais do direito, especialmente na esfera criminal, apesar da imprecisão de conteúdo e da insegurança que emergem atreladas ao termo.

Somente pela sua nefasta utilização no processo inquisitório medieval e moderno, como fundamento para a perseguição de diferenças, para a manutenção de classes hegemônicas no poder e para a intimidação geral e coletiva, o princípio da verdade real já deveria ser recepcionado, se acaso o fosse, com grandes reservas.

A verdade é elencada, quase unissonamente pela doutrina, como o fundamento da sentença, como um dos princípios do processo penal, ou até mesmo como seu principal objetivo e, apesar de alterarem o adjetivo que lhe sucede, alguns a chamam de verdade real[51],

---

[50] CANETTI, Elias. *Massa e* poder. Trad. Sérgio Tellaroli. São Paulo: Companhia das Letras, 1995. p. 21.

[51] MIRABETE, Julio Fabbrini. *Processo penal.* 17. ed. São Paulo: Atlas, 2005. p. 47; NUCCI, Guilherme de Souza. *Manual de processo e execução penal.* São Paulo: RT, 2005. p. 94; TOURINHO FILHO, Fernando da Costa. *Manual de processo* penal. 9. ed. São Paulo: Saraiva, 2007. p. 17; NETTO, Joaquim Cabral. Instituições de Processo Penal – Del Rey, 1997. fls 144-145; MARQUES, José Frederico. Elementos de Direito Processual Penal – vol 3. Campinas: Bookseller. fl 259.

outros de verdade histórica[52], verdade material, verdade substancial[53] ou verdade judicial[54] e ainda que haja a tentativa de enfraquecer o absolutismo da verdade real, a doutrina, majoritariamente, não enfrenta o problema da verdade no processo penal e, via de regra, mantém o mesmo conteúdo tradicionalmente atribuído à verdade real, ou, no máximo, distinguem diferentes níveis de aproximação da verdade real, através da singela alteração de ordem gramatical no *nomem juris* do princípio.

> A função punitiva do Estado deve ser dirigida àquele que, realmente, tenha cometido uma infração; portanto o Processo Penal deve tender à averiguação e descobrimento da verdade real, da verdade material, como fundamento da sentença.[55]

1.2.1 O dever constitucional de fundamentação das decisões jurisdicionais

O dever de fundamentação das decisões judiciais, revestido de maior dignidade após a promulgação da Constituição da República de 1988[56], é ingrediente indispensável para viabilizar a efetiva participação

---

52 TORNAGHI, Helio. *Instituições de processo penal.* Rio de Janeiro: Forense, 1959. T. I. p. 198-199.

53 MARICONDE, Alfredo Vélez. *op cit.* T. II. p. 185.

54 OLIVEIRA, Eugênio Pacelli. *Curso de processo penal.* 10. ed. Belo Horizonte: Lumen Juris, 2008. p. 281; OLMEDO, Jorge A. Clariá. *Derecho procesal penal.* Buenos Aires: Rbinzal – Culzoni, sd. t. I. p. 225 ss.

55 TOURINHO FILHO, Fernando da Costa. *Manual de processo* penal. 9. ed. São Paulo: Saraiva, 2007. p. 17.

56 Art. 93
IX – todos os julgamentos dos órgãos do Poder Judiciário serão públicos, e fundamentadas todas as decisões, sob pena de nulidade, podendo a lei,

das partes na construção do provimento e, em razão da natureza democrática do Estado pátrio, transcende o papel endo-processual e desempenha, inclusive, "função política"[57], pois permite o controle da atividade jurisdicional não apenas pelas partes, mas pela população em geral. Contemporaneamente, a motivação das decisões jurisdicionais interessa inclusive ao juiz, pois, mediante ela, evidencia a sua atuação imparcial e justa.[58]

De modo algum a garantia constitucional de motivação das decisões pode ser reduzida a mera formalidade vazia de conteúdo. A argumentação concreta é pressuposto de validade das decisões jurisdicionais e não pode ser substituída por citações doutrinárias, menção a textos legais ou a outras decisões de Tribunais e muito menos por brocardos e expressões cravadas no ordenamento por influxo histórico, místico ou transcendental, sob pena de se instaurar o "arbítrio palavreado"[59].

Especificamente na discussão objeto da presente obra, o dever constitucional do membro do órgão jurisdicional

---

se o interesse público o exigir, limitar a presença, em determinados atos, às próprias partes e a seus advogados, ou somente a estes;

57 FRANCO, Alberto Silva, STOCO, Rui. *Código de processo penal e sua interpretação jurisprudencial.* 2. ed. São Paulo: Revista dos Tribunais. V. 1. p. 987.

58 FERNANDES, Antonio Scarance. *Processo penal constitucional.* 4. Ed. São Paulo: Revista dos Tribunais, 2005. p. 135.

59 "Oxalá fôssemos uma nação de juristas. Mas o que somos, é uma nação de retóricos. Os nossos governos vivem a envolver num tecido de palavras os seus abusos, porque as maiores enormidades oficiais têm a certeza de iludir, se forem lustrosamente fraseadas. O arbítrio palavreado, eis o regímen brasileiro" In, BARBOSA, Rui. *Juristas e retóricos. Antropologia.* Seleção, prefácio e notas de Luís Viana. Rio de Janeiro: Casa de Rui Barbosa, 1953. p. 109.

de externar as razões de convencimento a fim de permitir a efetiva participação das partes na construção do provimento resta frustrada quando a fundamentação, em substituição a elementos concretos do caso em análise, escora-se na verdade real, inserida de forma lacônica e imprecisa, impedindo assim, que o jurisdicionado compreenda os motivos que conduziram o juiz a restringir ou frustrar os seus interesses e as suas expectativas.

1.2.2 A utilização da verdade real em decisões jurisdicionais como um meta-argumento

A jurisprudência dos Tribunais pátrios reconhece o princípio da verdade real, chegando-se a resgatar a aura de imutabilidade e certeza, próprias da inspiração religiosa que norteou a criação do instituto da verdade real.

A análise das decisões do Supremo Tribunal Federal e do Superior Tribunal de Justiça demonstra o amplo emprego do referido princípio, em geral utilizado para compensar a carência de argumentos concretos e jurídicos, especialmente no que tange à fundamentação de hipóteses que impliquem na limitação de garantias individuais e na mitigação dos limites legais para o exercício jurisdicional.

1.2.2.1 A verdade real utilizada como fundamento para permitir que julgador integrante de órgão colegiado altere o voto após ouvir a manifestação do voto-vista

O Superior Tribunal de Justiça, em decisão proferida na ação de *habeas corpus* 753-MS, ratifica a decisão de segundo grau em que um integrante de turma julgadora alterou o voto já proferido após a manifestação daquele que havia pedido vista[60].

O exercício do duplo grau de jurisdição por órgão colegiado consiste em virtuosa situação a partir da qual o provimento se originará da análise plural, com o fito de oferecer maior confiabilidade aos atos do Poder Jurisdicional e maior segurança aos jurisdicionados.

Ademais, a possibilidade de que um dos membros do órgão jurisidicional altere o voto já proferido em virtude de argumentos que foram acrescidos pelos demais julgadores é medida potencializadora dos bônus do julgamento colegiado, pois intensifica os estudos e debates sobre a matéria em discussão.

No entanto, o STJ ao invés de apresentar os argumentos jurídicos aptos a fundamentar a decisão, opta pela posição singela, mas equivocada de que a mudança no posicionamento do julgador seria possível por se tratar de processo penal e como tal informado pelo princípio da verdade real e não simplesmente formal como no juízo cível.

A decisão proferida pelo STJ diante da opção argumentativa manufaturada de simples menção ao princípio

---

60 O que formaliza a conclusão do julgamento é a proclamação do seu resultado definitivo. Se o julgamento do recurso não se conclui na mesma sessão, ante pedido de vista de um dos julgadores, qualquer deles, na sessão em que se profere o voto-vista, pode modificar seu entendimento, antes da proclamação final do resultado. O juiz criminal busca a verdade real e não a meramente formal do juiz no cível, ficando assegurada a estabilidade do julgamento com a proclamação definitiva do resultado, na sessão em que se concluiu. SUPERIOR TRIBUNAL DE JUSTIÇA. *Habeas Corpus*. 753; MS; Sexta Turma; Rel. Min. Washington Bolívar de Brito; Julg. 01/07/1991; DJU 19/08/1991; (Ementa parcial).

da verdade real, deflagrou a abertura hermenêutica para o questionamento da impossibilidade de ocorrência de situação semelhante àquela analisada em ação de *habeas corpus* na esfera cível, hipótese desarrazoada, uma vez que a possibilidade de reconsideração do posicionamento do integrante de turma julgadora independe da área temática do Direito de que trata a matéria, sendo, muito além, uma característica própria do julgamento colegiado.

1.2.2.2 A verdade real inserida na decisão como justificativa para a substituição do exame de corpo de delito em crimes que deixam vestígio por outros meios de prova

O Superior Tribunal de Justiça, no recurso em *Habeas Corpus* 10996-PB[61], considerou válida para a comprovação da materialidade, a substituição da perícia contábil em crime de apropriação indébita por outras provas, com fundamento nos princípios da verdade real e do livre convencimento do julgador.

Em primeiro lugar, o Código de Processo Penal prevê expressamente a necessidade do exame pericial em crimes

---

[61] RHC. PROCESSUAL PENAL. APROPRIAÇÃO INDÉBITA. CONDENAÇÃO. PROVA DA MATERIALIDADE. PERÍCIA CONTÁBIL. SUPRIMENTO POR OUTROS MEIOS DE PROVA. PRINCÍPIOS DO LIVRE CONVENCIMENTO DO JULGADOR E DA VERDADE REAL. Nos delitos materiais, a ausência do exame de corpo de delito pode ser suprida por outros meios de prova. Precedentes desta Corte e do Col. STF. Recurso desprovido. SUPERIOR TRIBUNAL DE JUSTIÇA. Recurso em *Habeas Corpus*.10996; PB; Quinta Turma; Rel. Min. José Arnaldo da Fonseca; Julg. 28/06/2001; DJU 10/09/2001. **No mesmo sentido**, SUPERIOR TRIBUNAL DE JUSTIÇA. Recurso Especial. 924.254; Proc. 2007/0027015-1; RS; Sexta Turma; Rel. Min. Hamilton Carvalhido; Julg. 27/09/2007; DJU 22/10/2007.

que deixam vestígios, o chamado exame de corpo de delito[62] e, na decisão em análise, a verdade real se sobrepõe à imposição legal e chancela a utilização de outros elementos de prova para substituir o exame de corpo de delito.

> O exame de corpo de delito é a perícia feita sobre os elementos que constituem a própria materialidade do crime. Daí porque sua presença ou ausência afeta a prova da própria existência do crime e gera uma nulidade absoluta do processo (art. 564, III, "b").[63]

Como acréscimo na motivação para afastar o comando expresso do artigo 158 do Código de Processo Penal, o STJ emparelhou ao princípio da verdade real o princípio do livre convencimento do juiz.

Cumpre salientar que a liberdade do julgador para analisar os elementos de instrução presentes no processo é um ingrediente do modelo contemporâneo de exercício do Poder Jurisdicional que não se questiona. No entanto, o artigo 158 do CPP não interfere na forma de valoração das provas colhidas na apuração processual, mas tão somente apresenta a necessidade de produção de um determinado meio de prova, o que não implica na sua preponderância para a formação do convencimento do juiz, porém na necessidade de sua existência dentro do conjunto instrutório a ser analisado pelo julgador.

No caso, a medida jurisdicional de substituição do exame de corpo de delito por outro meio de prova causa estranheza e contradiz a essência do estado de Direito que,

---

62 CPP, art. 158. Quando a infração deixar vestígios, será indispensável o exame de corpo de delito, direto ou indireto, não podendo supri-lo a confissão do acusado.

63 LOPES JR., Aury. *Direito processual penal e sua conformidade* constitucional. 3.ed. Rio de Janeiro: Lumen Juris, 2008. Vol. I. p. 570.

especialmente através do princípio da legalidade, oferece ao jurisdicionado a segurança de que, na esfera criminal, a norma será interpretada restritivamente quando representar afetação a seus direitos e a seus interesses.

> Devemos tomar em conta que o direito penal é um sistema descontínuo de proibições, porque sua ingerência é completamente excepcional no campo imensamente mais amplo da antijuridicidade. Esta característica (sancionadora) do direito penal não pode passar de todo inadvertida para o intérprete. Esta excepcionalidade geral da ingerência penal nos deve levar sempre que nos encontrarmos com uma expressão legal de alcance duvidoso, a inclinarmos primariamente a entendê-la na forma mais restritiva da punibilidade. O aforismo *favorabilia sunt amplianda, odiosa sunt restringenda* funcionará de este modo como um critério indicador primário.[64]

A extensão do teor do artigo 158 do Código de Processo Penal com o fito de formar a culpa do acusado, ainda que o artigo 3º do mesmo código admita "interpretação extensiva e aplicação analógica", constitui ofensa a princípios constitucionais e à própria natureza jurídica do Estado, regramentos superiores a qualquer tipo legal do Código de Processo Penal.

---

64 No original, "Debemos tener em cuenta que el derecho penal es un sistema *discontínuo* de prohibiciones, porque su ingerencia es completamente excepcional em el campo inmensamente más amplio de la antijuridicidad. Esta característica (sancionadora) del derecho penal no puede pasar del todo inadvertida para el intérprete. Esta general excepcionalidad de La ingerência penal nos debe llevar siempre que nos encontramos com uma expresión legal de alcance dudoso, a inclinarmos primariamente a entenderla en la forma más restrictiva de la punibilidad. El aforismo *favorabilia sunt amplianda, odiosa sunt restingenda* funcionará de este modo como un *critério indicador primário".In,* ZAFFARONI, Raul Eugenio. *Tratado de derecho penal* – parte general. Buenos Aires: Ediar. T. I. p. 314. Tradução livre.

Cumpre ressaltar que no acórdão mencionado, não se procedeu à discussão sobre a impossibilidade de realização do exame por ausência de base material, objeto que ensejaria maior polêmica e ofereceria um espectro mais amplo de linhas de argumentação, diante da previsão do artigo 167 do Código de Processo Penal[65].

Repise-se que o entendimento esposado pelo Superior Tribunal de Justiça abre a possibilidade para a ampla substituição do exame de corpo de delito por outros meios de prova, subvertendo-se a estrutura democrática do Estado e ultrapassando os limites próprios da legalidade estrita, regra esta inerente e cogente à prática dos atos dos Poderes oficiais do Estado.

> [...] quando o exame não é realizado no momento oportuno pela desídia do Estado, ou sua realização é imprestável pela falta de aptidão técnica dos operadores encarregados de fazê-lo, não há que onerar o réu com uma prova indireta em vez daquela que poderia ter sido imediatamente realizada.[66]

1.2.2.3 A verdade real como motivação de decisão que a utilização da confissão como alternativa para substituir o exame de corpo de delito em crimes que deixam vestígio

Também em recurso em *Habeas Corpus*, RHC 55585, o Supremo Tribunal Federal admitiu não

---

65 CPP, art. 167. Não sendo possível o exame de corpo de delito, por haverem desaparecido os vestígios, a prova testemunhal poderá suprir-lhe a falta.

66 CHOUKR, Fauzi Hassan. *Código de processo penal* – comentários consolidados e crítica jurisprudencial. Rio de Janeiro: Lumen Juris, 2005. p. 306.

apenas a substituição do exame de corpo de delito por outro meio de prova, mas inclusive a utilização da confissão para compensar a ausência do referido exame pericial.[67]

A natureza jurídica do interrogatório já mereceu muitos estudos e sobre ela, até hoje, vários profissionais do Direito travam salutares discussões[68] que não pertencem ao escopo do presente trabalho, porém cumpre apenas explorar de maneira breve o excessivo e equivocado valor atribuído à confissão.

O ato processual a partir do qual, eventualmente, poderá emergir uma confissão é o interrogatório, sendo a confissão apenas um dos resultados possíveis. Entretanto, a forte herança inquisitorial que ainda hoje impõe incômodos legados à estrutura processual, em especial na esfera criminal, dentre as manifestações presentes no Código de Processo Penal, conferiu à confissão um

---

67 EXAME DE CORPO DE DELITO. PRISÃO PREVENTIVA. O artigo 167 do código de processo penal, embora só aluda ao suprimento da falta do exame de corpo de delito pela prova testemunhal, admite a aplicação analógica, por identidade de razão, na hipótese de confissão do réu, no tocante a ele ou a co-réus, especialmente quando foragidos. esse entendimento se impõe em face dos princípios que o nosso processo penal consagra: da verdade real, o do livre convencimento do juiz e o da inexistência de hierarquia legal probatória. Despachos de decretação de prisão preventiva devidamente fundamentados. Recurso ordinário a que se nega provimento. SUPREMO TRIBUNAL FEDERAL. Recurso em *Habeas Corpus*. 55585; Rel. Min. Moreira Alves; Julg. 21/10/1977. **No mesmo sentido**, SUPERIOR TRIBUNAL DE JUSTIÇA. *Habeas Corpus*. 32892; MS; Quinta Turma; Rel. Min. José Arnaldo da Fonseca; Julg. 23/03/2004; DJU 10/05/2004.

68 No estudo a cerca da natureza jurídica do interrogatório, contemporaneamente, três são as principais correntes que a definem: interrogatório como meio de prova, como meio de defesa e como meio de prova e defesa.

capítulo avulso no Título VII – Das provas, igualando -a, dentro da hierarquia do Código de Processo Penal, ao próprio interrogatório.

A positivação autônoma da confissão, em dispositivo inserido no Título relativo a provas no Código de Processo Penal dá azo a interpretações contrárias à estrutura garantista de Estado e, especialmente, afrontosas ao princípio do *favor rei*[69], uma vez que dos resultados possíveis em um interrogatório, somente a confissão seria avaliada em conjunto com as demais provas.

O ordenamento jurídico brasileiro adotou o sistema do livre convencimento motivado em que o juiz, dentro dos limites normativos, detém total liberdade para apreciar as provas e argumentos amealhados na instrução processual, devendo fundamentar suas escolhas.

O artigo 197 do Código de Processo Penal[70] dispõe que a aferição do valor probatório da confissão dependerá da sua "compatibilidade e concordância" com outros meios de prova.

Em outras palavras, o artigo 197 do CPP prevê que a confissão será uma prova se outros elementos a ratificarem. Ora, a prova, caso não ofenda as regras do

---

69 A Antigüidade, em texto de *Domitius Ulpianu*, descortinou o gérmen dos princípios garantistas tanto no Processo Penal quanto Direito Penal, o *favor rei*: "Ninguém deve ser condenado por suspeitas, porque é melhor que deixe impune o delito de um culpável que condenar um inocente" *In*, *Corpus Iuris Civilis*. Dig. 48, 19, 5. Obra publicada entre os anos 529 – 534, por ordem do Imperador Bisantino Justiniano.

70 Art.197. O valor da confissão se aferirá pelos critérios adotados para os outros elementos de prova, e para a sua apreciação o juiz deverá confrontá-la com as demais provas do processo, verificando se entre ela e estas existe compatibilidade ou concordância.

ordenamento e, nesse caso, seria ilícita, não depende de nenhum outro meio para lhe conferir validez na instrução, pois ela vale por si mesma. Por outro lado, as alegações das partes, ao contrário das provas, prescindem necessariamente de comprovação. Por essa razão, a confissão detém, apesar da forma legal prever expressamente a sua forçosa condição de prova, um caráter ontológico de versão do pólo passivo, em que o interrogando sustenta os argumentos que mais convierem a seus interesses.

A crítica promovida em torno do acórdão do Superior Tribunal de Justiça que autorizou a substituição do corpo de delito por outras provas, mais intensa será agora, posto que permitir a supressão do exame para apurar a materialidade do crime pela confissão consiste em afronta de maior gravidade à estrutura processual, diante da debilidade probatória prevista para o ato de instrução no próprio Código de Processo Penal, como acima exposto.

O artigo 167 do Código de Processo Penal, ao contrário do afirmado pela decisão do STF, não faz simples "alusão", mas, muito além, enumera de maneira taxativa uma hipótese apta a substituir o exame de corpo de delito e, exclusivamente, diante da impossibilidade de sua realização.

O Supremo Tribunal Federal ao utilizar a expressão "interpretação analógica" para ampliar o alcance do preceito legal e intensificar o rigor da apuração contra o integrante do pólo passivo do processo penal, além de tornar sem termo o próprio conteúdo do dispositivo normativo, já que autoriza a substituição do exame de corpo de delito por qualquer meio de apuração, ainda utiliza a referida forma de integração de maneira equivocada, pois o artigo 167 não oferece a possibilidade de se empreender uma interpretação analógica.

A interpretação analógica depende de abertura oferecida pelo próprio texto legal quando elenca um rol de hipóteses não taxativas que servirão para o aplicador da norma como norte para identificar espécies semelhantes que também poderão ser informadas pelo mesmo dispositivo normativo, *v.g.*, o artigo 121, § 2º, IV do Código Penal Brasileiro[71].

Ainda que o Supremo Tribunal Federal admitisse que o recurso utilizado seja a analogia, melhor sorte não mereceria a decisão, na medida em que a ampliação dos limites legais para o incremento do rigor na apuração de infração penal é postura totalmente avulsa da atual estrutura processual compromissada com a tutela dos direitos individuais, com maior relevo para a liberdade individual e para a dignidade humana.

> As formalidades do procedimento penal não são meras formalidades e, em seu núcleo são formas protetoras do interesse da totalidade dos intervenientes no processo e, antes de tudo, do imputado.[72]

Com o fito de grifar a tendência ideológica de impossibilitar a aplicação irrestrita da analogia, cumpre trazer para o debate a prescrição do Anteprojeto de

---

71 CP, art 121. Matar alguem:
Pena – reclusão, de seis a vinte anos.
(...)
§ 2° Se o homicídio é cometido:
(...)
IV – à traição, de emboscada, ou mediante dissimulação ou outro recurso que dificulte ou torne impossivel a defesa do ofendido;
Pena – reclusão, de doze a trinta anos.

72 Tradução livre de: "*Las formalidades del procedimiento penal no son meras formalidades, e su núcleo son formas protectoras en interés de la totalidad de los intervinientes en el proceso y, ante todo, del imputado.*" HASSEMER, Winfried. op cit. P. 82.

Reforma do Código de Processo Penal que, apesar de autorizar a analogia e a interpretação extensiva, enfatiza a impossibilidade da ampliação do sentido para normas que restrinjam direitos e garantias fundamentais[73].

1.2.2.4 A verdade real como fundamento para o não desmembramento de processo

O Superior Tribunal de Justiça, no recurso em *Habeas Corpus* 11520-CE, convalidou decisão que indeferiu o desmembramento do processo e considerou que o cabimento da hipótese de exceção à reunião de processos consiste em faculdade do juiz a quem caberia identificar um fato que estivesse obstruindo a aferição da verdade real.[74]

O Código de Processo Penal, dentre as hipóteses de separação de processos conexos ou continentes, tipifica oportunidades em que a separação é facultativa[75], inclusive abre ao juiz a possibilidade de identificar

---

[73] Art. 6. A lei processual penal admitirá a analogia e a interpretação extensiva, vedada, porém, a ampliação do sentido de normas restritivas de direitos e garantias fundamentais.

[74] Constitui faculdade e não obrigação do magistrado o desmembramento do processo, de acordo com o art. 80 do CPP, devendo o mesmo aferir, em seu juízo de conveniência, a existência de motivo relevante que restaria por entravar a instrução processual, em prejuízo para a apuração da verdade real. SUPERIOR TRIBUNAL DE JUSTIÇA. Recurso em *Habeas Corpus.* 11520; CE; Sexta Turma; Rel. Min. Vicente Leal de Araújo; Julg. 20/11/2001; DJU 04/02/2002; pag. 00549. Ementa parcial

[75] CPP, Art. 80. Será facultativa a separação dos processos quando as infrações tiverem sido praticadas em circunstâncias de tempo ou de lugar diferentes, ou, quando pelo excessivo número de acusados e para não lhes prolongar a prisão provisória, ou por outro motivo relevante, o juiz reputar conveniente a separação.

casuisticamente um motivo relevante que lhe permita determinar a separação.

O caráter facultativo não exime o juiz de fundamentar tanto a separação quanto o indeferimento de requerimento da parte sobre a matéria. O motivo relevante a que se refere o artigo 80 do CPP deve ser explicitado pelo juiz a quem é defeso proteger-se por meio de locuções lacônicas como a busca da verdade real.

A reunião ou a separação de processos pode gerar benefícios ou prejuízos para os destinatários do provimento jurisdicional e, dessa forma, indispensável é a fundamentação concreta e efetiva na decisão.

1.2.2.5 A verdade real utilizada como motivação de decisão que indefere requerimento de prova da defesa

No que se refere à utilização da verdade real como motivação de decisões que indeferem requerimento da parte importa sublinhá-las diante da relevância da ofensa que atinge cláusula pétrea da Constituição da República.

> O tom que cada sistema político dá ao vínculo entre 'autoridade' e 'liberdade' e, mais especificamente, o tom que esse dá ao vínculo entre a exigência de reafirmação do ordenamento jurídico violado e as garantias da pessoa submetida a procedimento penal, são expressões dos valores majoritariamente sentidos no momento histórico-político em que tais relações se traduzem em normas, respectivamente, de direito público e direito processual.[76]

---

[76] No original, *L' assetto che ogni sistema politico dà ai rapporti tra 'autorità' e 'libertà' e, più specificamente, l'assento che esso dà al rapporto*

O Superior Tribunal de Justiça ao julgar improcedente o Recurso em *Habeas Corpus* 13901-SC[77], confirmou o indeferimento de requerimento de produção de prova pelo pólo passivo do processo penal.

Certo é que o direito à prova não é um direito absoluto e detém restrições, inclusive existe a faculdade de o juiz examinar a pertinência da prova requerida pela parte[78], mas por se tratar de limitação à garantia fundamental, o juiz ao indeferir o requerimento de produção de prova, inexoravelmente, deve fundamentar concretamente a decisão e apresentar as razões concretas que lhe motivaram.

O STJ, na decisão *in casu*, limita suas razões à desnecessidade do elemento de prova quando estiver evidenciado que o juiz tem implementado " todas as

---

tra l'esigenza di riaffermazione dell'ordine giuridico violato e le garanzie della persona sottoposta a procedimento penale, sono espressione dei valori maggiormente sentiti nel momento storico-politico in cui tali asseti si traducono in norme, rispettivamente, di diritto pubblico e diritto processuale. In, VERGER, Andrea. *Le garanzie della persona sottoposta alle indagini*. Padova: CEDAM, 2001. p. 01. (Tradução livre).

77 Não se acolhe alegação de nulidade por falta de realização dos exames periciais solicitados pela defesa, se evidenciado que o Julgador de 1º grau vem providenciando todas as medidas necessárias a fim de esclarecer a verdade real dos fatos, devendo ser ressalvado que a instrução criminal ainda não está encerrada. SUPERIOR TRIBUNAL DE JUSTIÇA; Recurso em *Habeas Corpus*, 13901; SC; Quinta Turma; Rel. Min. Gilson Langaro Dipp; Julg. 18/03/2003; DJU 28/04/2003; pág. 00212. (Ementa parcial). **No mesmo sentido**, SUPERIOR TRIBUNAL DE JUSTIÇA; *Habeas Corpus*. 64.657; PR; Quinta Turma; Relª Min. Laurita Hilário Vaz; Julg. 20/11/2007; DJU 17/12/2007. SUPERIOR TRIBUNAL DE JUSTIÇA. *Habeas Corpus*. 29296; SP; Quinta Turma; Rel. Min. José Arnaldo da Fonseca; Julg. 04/09/2003; DJU 13/10/2003.

78 Art. 400.
§ 1º As provas serão produzidas numa só audiência, podendo o juiz indeferir as consideradas irrelevantes, impertinentes ou protelatórias.

medidas necessárias a fim de esclarecer a verdade real dos fatos".

O complemento final da decisão engrossa a inconsistência dos fundamentos, uma vez que logo após atestarem que o juiz age de forma cabal na perquirição da verdade real dos fatos, reconhece que a instrução está em prosseguimento. Ora, a instrução criminal mantém-se aberta para qual razão, se todas as medidas já estão sendo executadas para o esclarecimento do fato ocorrido?

Na hipótese em discussão, os fundamentos da decisão do STJ não permitem ao leitor e, principalmente aos destinatários diretos do provimento, a extração da razão concreta que guiou os julgadores a compreenderem a diligência requerida pela parte como dispensável e inapta a gerar prejuízos à parte requerente.

O baseamento da decisão em estudo se presta a respaldar, formalmente, quaisquer situações que versem sobre a mesma matéria e, dessa forma, evidencia-se uma indesejada banalização do dever constitucional de fundamentação e a sua redução a simples etapa burocrática na formação do provimento jurisdicional.

1.2.2.6 A verdade real na condição de fundamento para a mitigação do direito à intimidade

O Superior Tribunal de Justiça em agravo regimental, AGINQ 187-DF[79], a partir da alusão ao princípio

[79] DIREITO CONSTITUCIONAL E PROCESSUAL PENAL. PEDIDO DE QUEBRA DE SIGILO BANCÁRIO. DIREITO NÃO-ABSOLUTO A INTIMIDADE. INDÍCIOS DE AUTORIA. VERDADE REAL. DEFERIMENTO. JUÍZO DE VALOR SOBRE A PROVA PRETENDIDA. RECURSO DESPROVIDO.

da verdade real, considerou que a investigação na fase pré-processual deve ser cabal e que não é possível identificar *a priori* a utilidade de determinado meio de prova, no caso a quebra do sigilo bancário, o que somente ocorrerá após a análise de todo o conjunto de elementos apurados.

Verifica-se uma notória preponderância da averiguação em detrimento dos limites legais e dos direitos individuais do investigado.

A mitigação do direito fundamental à intimidade, cuja compreensão deve incluir a discussão em torno da dignidade da pessoa humana, como está positivada em cláusula pétrea da Constituição, exige maior denodo do juiz ao fundamentar decisões que a restrinjam.

O direito à intimidade consiste na faculdade de autodeterminação informativa e assim, o direito à intimidade é o direito da pessoa de determinar em que medida

I. E certo que a proteção ao sigilo bancario constitui especie do direito a intimidade consagrado noart. 5º, X, da constituição, direito esse que revela uma das garantias do individuo contra o arbitrio do estado. Todavia, não consubstancia ele direito absoluto, cedendo passo quando presentes circunstancias que denotem a existencia de um interesse publico superior. Sua relatividade, no entanto, deve guardar contornos na propria Lei, sob pena de se abrir caminho para o descumprimento da garantia a intimidade constitucionalmente assegurada. II – Tendo o inquerito policial por escopo apurar a existencia do fato delituoso, completa dever ser a investigação criminal, em prestigio ao principio da verdade real insito ao direito processual penal. III – E impossivel exercitar, *ab initio*, um juizo de valor a respeito da utilidade do meio de prova pretendido, tendo em vista que ele pode ser valido ou não diante do contexto de todas as provas que efetivamente vierem a ser colhidas. STJ; AGINQ 187; DF; Corte Especial; Rel. Min. Sálvio de Figueiredo Teixeira; Julg. 21/08/1996; DJU 16/09/1996; pág. 33651.

seus pensamentos, sentimentos e emoções devem ser comunicados a terceiras pessoas.[80]

> A total transparência da pessoa aos olhos do Estado e das empresas, detentora de monopólio de informação, agudiza a concentração de poder, fragiliza o controle que deve ser exercido pela sociedade – e não, sobre a sociedade – e tende a aprofundar a desigualdade de suas relações, favorecendo as discriminações e o conformismo social e político, assim como a 'ditadura do simulacro'.[81]

As informações relacionadas à conta bancária, aos bens declarados, à utilização dos cartões de crédito e cheques, ao extrato bancário, aos empréstimos e às transferências são expressões da personalidade da pessoa e, portanto, sem justa causa, devem ser preservadas.

Até o presente momento, não foram estabelecidos critérios suficientemente firmes e claros para fixar os limites entre a utilização da prova e a preservação da intimidade, até porque a Lei 9.034/95, ao se referir à matéria, o faz de maneira perigosamente lacônica[82] e, por essa razão, nas decisões que versem sobre a matéria, a fundamentação enverga o seu papel preponderante como meio apto a viabilizar a efetividade do princípio do contraditório no processo penal.

---

80 MIGUEL, Carlos Ruiz. *La configuración constitucional Del derecho a La intimidad.* Madri: Tecnos, 1995. P. 76-77.

81 SAMPAIO, José Adércio Leite. *Direito à intimidade e à vida privada:* uma visão jurídica da sexualidade, da família, da comunicação e informações pessoais, da vida e da morte. Belo Horizonte: Del Rey, 1998. p. 494-495.

82 Art. 2º. Em qualquer fase de persecução criminal são permitidos, sem prejuízo dos já previstos em lei, os seguintes procedimentos de investigação e formação de provas:
III – o acesso a dados, documentos e informações fiscais, bancárias, financeiras e eleitorais.

> Nesse contexto, a motivação serve para o controle da racionalidade da decisão judicial. Não se trata de gastar folhas e folhas para demonstrar erudição jurídica (e jurisprudencial) ou discutir obviedades. O mais importante é explicar o porquê da decisão, o que o levou a tal conclusão sobre a autoria e materialidade. A motivação sobre a matéria fática demonstra o *saber* que legitima o *poder*, pois a pena somente pode ser imposta a quem – racionalmente – pode ser considerado autor do fato criminoso imputado.
>
> Mais, a fundamentação não deve estar presente apenas na 'sentença', mas também em todas as decisões interlocutórias tomadas no curso do procedimento, especialmente aquelas que impliquem restrições de direitos e garantias fundamentais, como os decretos de prisão preventiva, interceptação das comunicações telefônicas, busca e apreensão etc.[83]

A decisão no agravo regimental, a pretexto de promover a extração da verdade dos fatos, estabeleceu uma regra contrária à excepcionalidade da quebra de sigilo bancário e avançou com desprezo ao direito à intimidade do investigado.

Não se questiona a importância e inclusive a necessidade da quebra do sigilo bancário em inúmeras apurações, mas a excepcionalidade da quebra do sigilo financeiro é o norte que sempre deverá guiar o intérprete da norma, em razão de desvelar a intimidade do investigado.

O interesse público superior, mencionado na decisão em análise, deve emergir concretamente explicitado na argumentação e não apenas mencionado ou tão somente vinculado à necessidade de uma árdua e sem

---

83 LOPES JR., Aury. *Direito processual penal e sua conformidade* constitucional. 3.ed. Rio de Janeiro: Lumen Juris, 2008. Vol. I. p. 196.

termo investigação criminal completa para a apuração da verdade real, como sustentado no Acórdão proferido pelo STJ.

1.2.2.7 A verdade real como motivação para não declaração de nulidade em processo com deficiência de defesa

A verdade real, tradicionalmente, vem sendo utilizada como um polivalente "coringa hermenêutico" que sustenta tanto decisões nas quais se alega a possibilidade de se excederem os limites normativos para o exercício do *jus puniendi* quanto na condição de critério de determinação da necessidade de desmembramento do processo para fundamentar o indeferimento de requerimento de prova da parte, para excepcionar o direito à intimidade e, inclusive, para justificar a não declaração de nulidade por deficiência de defesa técnica.

No que pertine à discussão sobre a validade de decisão em cuja instrução processual paira a mácula da deficiência de defesa, as conclusões advindas repercutirão diretamente na derivação da estrutura Democrática do Estado para o exercício jurisdicional.

A defesa para o acusado é apenas um ônus, devendo ser garantida, mas não podendo ser imposta. Por essa razão, não se permite que o mesmo seja compelido a apresentar dados para demonstrar a sua inocência e nem ser obrigado a indicar testemunhas que apresentem declarações favoráveis à defesa e tampouco ser obrigado a colaborar com quaisquer outros atos defensivos.

A não contribuição do acusado para o debate processual, certamente imporá ao mesmo um ônus processual, que não se confunde com presunção de culpa, mas traz o risco de uma sentença desfavorável, pois na disputa processual a acusação não terá suas razões questionadas, e nem será contra-atacada com provas e argumentos de defesa.

Por outro lado, a defesa técnica é obrigatória e indispensável, independentemente da vontade do imputado, na medida em que a sua ausência retiraria um dos alicerces de sustentação do processo penal democrático, no qual interessa ao Estado o soerguimento de uma decisão legitimamente construída pelo debate paritário das partes.

O processo penal é o *habitat* de um conflito entre o *jus puniendi* e o *jus libertatis*, ambos interesses do Estado. Em razão do princípio da *ultima ratio*, a esfera criminal tutela os bens jurídicos mais caros e, por esse motivo, as consequências de um delito transcendem os interesses da vítima direta, nos casos em que esta exista e abalam a sociedade como um todo, fundamentando ser a natureza da iniciativa da ação penal, em regra, pública incondicionada, ou seja, a instauração da ação penal bem como eventual condenação estão além do alcance da vontade da vítima direta do crime.

Nesse cenário, a defesa técnica do acusado é uma atividade essencial ao processo e ao conseguimento do ideal de justiça, como preconiza a Constituição Federal.

A vontade do acusado ou denunciado de ser defendido é desprezada, da mesma maneira como ocorre com a vontade da vítima nos crimes em que a ação é de iniciativa pública incondicionada, pois uma condenação em processo criminal na qual não houve a defesa técnica é uma ameaça à coletividade e não apenas à pessoa que figura no pólo passivo do processo, na medida em que a situação caracteriza um precedente que ofertaria a oportunidade de utilização do *jus puniendi* como instrumento de jugo e tirania.

Dessa forma, o exercício da defesa técnica não pode se consubstanciar no cumprimento de uma mera formalidade, devendo desenvolver um contraponto efetivo às teses acusatórias, assegurando, assim, uma atuação materialmente existente, sob pena de nulidade absoluta da instrução processual.

No *Habeas Corpus* 29554-SP[84], o Superior Tribunal de Justiça entendeu que a sanção processual por deficiência de defesa prescinde de demonstração inequívoca de comprometimento do exercício do contraditório e de prejuízo à verdade real.

O estudo da teoria geral das nulidades revela em suas primeiras linhas a necessidade do prejuízo para a aplicação da sanção de nulidade e, no caso das nulidades absolutas, o prejuízo seria presumido diante da magnitude da lesão, cujas consequências transcendem as partes e compromete o exercício jurisdicional como um todo.

---

[84] Na linha do pensamento da Suprema Corte, tem professado este Tribunal o entendimento de que a deficiência da defesa não equivale à sua inexistência, de modo que a pretensão anulatória, por esse norte, só pode se concretizar a partir da comprovação inequívoca do prejuízo ao contraditório e à verdade real. STJ; HC 29554; SP; Quinta Turma; Rel. Min. José Arnaldo da Fonseca; Julg. 06/04/2004; DJU 10/05/2004; Pág. 313. Ementa parcial. **No mesmo sentido**, STJ; HC 33037; SP; Quinta Turma; Rel. Min. José Arnaldo da Fonseca; Julg. 09/03/2004; DJU 05/04/2004; pág. 00302. STJ; HC 17399; BA; Sexta Turma; Rel. Min. Vicente Leal de Araújo; Julg. 14/05/2002; DJU 17/06/2002; pág. 00303.

No esforço de se estabelecer um critério para a seleção dos vícios processuais aptos a gerarem nulidades absolutas, o referencial estabelecido foi previsão da norma violada no texto constitucional, como é o caso do direito à defesa.

Na contramão da teoria geral das nulidades, o Superior Tribunal de Justiça julgou necessário um prejuízo óbvio e evidente para o reconhecimento da mácula da deficiência da defesa.

O entendimento, que conforme menciona a decisão, é eco do Supremo Tribunal Federal, padece de imperdoável insensibilidade, uma vez que o público alvo do *jus puniendi*, maciçamente integra as camadas mais excluídas da população.

A esse segmento de alijados de educação formal, de estima social e de formação cultural, despidos de condições financeiras aptas a lhes proporcionar as benesses inerentes a uma defesa bem remunerada e entregues a uma assistência jurídica gratuita incapaz de absorver o crescente e encorpado número de acusados pobres, resta, em geral, o sórdido consolo, da frívola companhia de advogados *ad hoc* que, em geral, possuem identificação mais com Judas Iscariotes do que com Simão Cirineu[85], os quais se perfilam nas soleiras das salas de audiência para, via de regra, de forma descompromissada, satisfazer o requisito da experiência exigida para o ingresso em algumas carreiras públicas.

---

85 Francesco Carnelutti, ao se referir à atividade do advogado, faz uma alusão ao personagem bíblico Simão Cireneu que, durante a *via crucis,* auxiliou Jesus a carregar a cruz. *In,* CARNELUTTI, Francesco. *As misérias do processo penal.* Trad. Luís Fernando Lobão de Morais. São Paulo: Edicamp, 2001. p. 43.

Assim, a caminhada processual do acusado torna-se solitária sem a presença segura do confidente com quem comungar os sofrimentos de que padece, as injustiças que o assolam, os arrependimentos que o perturbam, as estigmatizações que o deformam.

Nesse contexto, a decisão no *habeas corpus* demonstra sintonia com uma tendência em se conferir maior interesse pela resposta quantitativa do que pela efetividade jurisdicional, sintoma introjetado em uma estrutura jurisdicional na qual os órgãos de controle (Conselho Nacional de Justiça, Conselho Nacional do Ministério Público e Corregedorias) medem como principal dado de qualidade do profissional a produtividade numérica.

1.2.2.8 A decretação ou a manutenção da prisão provisória com respaldo no princípio da verdade real

O estudo da decretação ou manutenção de custódia cautelar, excepcionalíssima em virtude de consistir em limitação à liberdade ambulatorial de forma prévia à condenação, carece de argumentos sólidos e extraídos de elementos de instrução, efetiva e oficialmente apurados.

Entretanto, por incrível que pareça, novamente emerge, vetusta, mas cheia de vigor, a verdade real como um porto (in)seguro para compensar a escassez de fundamentos sólidos e específicos para a decretação da prisão provisória.

Na decisão proferida no julgamento do *Habeas Corpus* 41092-SP[86], considerou a Quinta Turma do Superior

86 A continuidade da prisão em flagrante mostra-se justificada quando o julgador demonstra a conveniência da instrução criminal e a necessi-

Tribunal de Justiça que a continuidade da prisão em flagrante estaria justificada na medida em que o juiz que a decretou apontou a conveniência da instrução criminal e a necessidade de apuração da verdade real.

A prisão sempre será conveniente para a instrução criminal e catalisadora da apuração. Dentre outros benefícios para a celeridade processual, as hipóteses legais de adiamento dos atos de instrução seriam mitigadas de maneira significativa, em grau próximo ao zero.

Sublinhe-se que não apenas o encarceramento do investigado que estará, dessa forma, à disposição dos órgãos oficiais para a realização das diligências para as quais a sua presença é imprescindível contribuirá para a apuração do fato ocorrido, mas também a prisão da vítima, das testemunhas, dos peritos, dos advogados, dos membros do Ministério Público, dos juízes e dos serventuários. Os eventuais retardos na apuração estão intimamente ligados aos agentes que interferem na produção dos atos instrutórios e, por conseguinte, a prisão de todos contribuirá para o rápido esclarecimento do episódio sob análise.

Não obstante a celeridade e a apuração do fato ocorrido mereçam toda a atenção, no que concerne à prisão provisória, o intérprete carece de especial esmero ao identificar as hipóteses de cabimento, para que o denodo, o clamor popular, especialmente na atualidade em que muitas vezes é artificialmente forjado por influxos midiáticos, e outros argumentos que, apesar de relevantes

---

dade de apuração da verdade real, sobretudo porque são vários os crimes com múltiplos agentes. SUPERIOR TRIBUNAL DE JUSTIÇA. *Habeas Corpus*. 41092; SP; Quinta Turma; Rel. Min. José Arnaldo da Fonseca; Julg. 24/05/2005; DJU 01/07/2005. (Ementa parcial).

e nobres, apresentam-se extremamente abstratos e voláteis não aviltem a imunidade[87] da presunção de inocência, contemporaneamente concebida como limite interpretativo para a compreensão do alcance das normas.

Em um Estado democrático, a presunção de inocência é "um dos princípios cardiais do *jus puniendi* contemporâneo em suas faces substantiva e formal" [88], representando o conceito basilar sobre o qual se edifica o modelo de processo penal garantista e de corte liberal.

Dentre as suas acepções, a presunção de inocência é uma regra de tratamento ao imputado, na medida em que impede a aplicação de medidas judiciais que o equiparem ao culpado, especialmente quando representem uma antecipação da pena.[89]

No atual modelo de Estado brasileiro, a liberdade é a regra, e a prisão provisória somente será admissível quando escorada em razões de cautela concretamente apontadas em decisão judicial fundamentada, nos termos do artigo 93, IX, CF/88, não satisfazendo à

---

87 As diversas classes de direitos fundamentais diferenciam-se em razão de relações jurídicas que estabelecem, podendo constituir-se em direitos subjetivos, liberdades, poderes e imunidades. O sujeito protegido pela presunção de inocência é imune aos atos que visam aviltar ou fragilizar seus direitos e interesses antes do adimplemento das condições legais erigidas como conteúdo e limite do princípio. *In*, MARTÍNEZ, G. Peces Barba. *Curso de derechos fundamentales:* teoria general. Madri: Universidade Carlos III de Madri, Boletim Oficial do Estado, 1995. p. 464.

88 "*...uno de los princípios cardinales del jus puniendi contemporáneo em sus facetas sustantiva y formal*" Tribunal Constitucional Espanhol (STC 34/1996), apud PARDO, Miguel Angel Montañés. *La presunción de inocência:* análisis doctrinal y jurisprudencial. Pamplona: Aranzadi, 1999. p. 38. (Tradução livre)

89 LÓPEZ, Mercedes Fernández. *op cit.* p. 123.

nova ordem constitucional a decretação de prisões alicerçadas na gravidade genérica do delito, na vida pregressa do imputado e tampouco na natureza hedionda do fato. Nesse contexto, inexoravelmente, sob pena de inconstitucionalidade, todas as prisões provisórias deverão se revestir dos requisitos (indícios de autoria e prova da materialidade) e fundamentos de cautela (garantia da ordem pública, garantia da ordem econômica, conveniência da instrução criminal ou para assegurar a aplicação da lei penal), contemplados no artigo 312.[90]

A esse respeito, o Título IX do Código de Processo Penal – Da prisão e da liberdade provisória – carece de reestruturação de seu teor, desprendendo-se do conteúdo próprio de Estado totalitário em que foi promulgado, para o qual a prisão processual, especialmente a prisão em flagrante delito, era a regra, sendo a exceção a liberdade, por essa razão adjetivada de provisória.

A análise do *Habeas Corpus* 6240-MS[91], cuja ordem foi denegada pelo STJ, descortina outra hipótese em

---

[90] CPP, art. 312. A prisão preventiva poderá ser decretada como garantia da ordem pública, da ordem econômica, por conveniência da instrução criminal, ou para assegurar a aplicação da lei penal, quando houver prova da existência do crime e indício suficiente de autoria.

[91] HABEAS CORPUS. PROCESSUAL PENAL. PRISÃO PREVENTIVA. EXCESSO DE PRAZO. 1. Não se verifica o excesso de prazo, quando, na busca da verdade real, faz-se necessaria a audiencia de 17 testemunhas, uma delas residente fora do distrito da culpa. A demora, em face da complexidade dos fatos e em se tratando de crime violento, cometido por 03 co-reus, contra estabelecimento bancario, na hipotese, situa-se nos limites da razoabilidade. 2. Ordem denegada. SUPERIOR TRIBUNAL DE JUSTIÇA. *Habeas Corpus*. 6240; MS; Sexta Turma; Rel. Min. Fernando Gonçalves; Julg. 24/11/1997; DJU 15/12/1997. **No mesmo sentido**, SUPERIOR

que o excesso de prazo apesar de existente de fato não houve reconhecido na decisão, uma vez que a complexidade da instrução necessária para a busca da verdade real elidiu o reconhecimento do excesso de prazo como argumento para o relaxamento da prisão cautelar.

No caso em discussão, sustenta-se uma complexidade na instrução consistente na apuração de suposta infração praticada por três indivíduos e na necessidade de oitiva de 17 testemunhas, sendo que uma delas reside fora do distrito da culpa.

Em primeiro lugar, o concurso de pessoas é hipótese de competência por continência prevista no artigo 77, I do CPP[92]. Além disso, o número de testemunhas que participam da instrução é inferior ao limite estabelecido de 8 testemunhas para cada acusado e 8 testemunhas para o titular da ação, ou seja, 32 testemunhas. Por fim, há previsão para a prática de atos processuais fora da competência territorial do juízo processante: precatória.[93]

TRIBUNAL DE JUSTIÇA. *Habeas Corpus*. 33417; SP; Quinta Turma; Rel. Min. Arnaldo Esteves Lima; Julg. 09/11/2004; DJU 17/12/2004. Superior Tribunal de Justiça. *Habeas Corpus* 15789; RS; Sexta Turma; Rel. Min. Fernando Gonçalves; Julg. 03/04/2001; DJU 23/04/2001. SUPERIOR TRIBUNAL DE JUSTIÇA. *Habeas Corpus*. 7302; RJ; Sexta Turma; Rel. Min. Fernando Gonçalves; Julg. 30/06/1998; DJU 24/08/1998. SUPERIOR TRIBUNAL DE JUSTIÇA. *Habeas Corpus*. 6314; MS; Sexta Turma; Rel. Min. Fernando Gonçalves; Julg. 10/11/1997; DJU 01/12/1997.

92 CPP, Art. 77. A competência será determinada pela continência quando: I – duas ou mais pessoas forem acusadas pela mesma infração;

93 CPP, art. 370. Nas intimações dos acusados, das testemunhas e demais pessoas que devam tomar conhecimento de qualquer ato, será observado, no que for aplicável, o disposto no Capítulo anterior.

Os elementos utilizados para caracterizar a alegada complexidade, não representam uma situação extraordinária ou inusitada, pois já se incluem nos parâmetros estabelecidos pelos tipos do Código de Processo Penal e já foram levados em consideração pelo legislador para o cálculo dos prazos para a realização dos atos de instrução. A esse respeito, consigne-se a tipificação de prazos individuais para a conclusão dos atos pré-processuais e processuais, *v.g.*, inquérito 10 dias e denúncia, 05 cinco dias. Acresça-se que, jurisprudencialmente, os prazos passaram a ser considerados globalmente para o fim de se aferir o excesso de prazo na prisão cautelar: 81 dias[94], não obstante diversos julgados de tribunais posicionem-se favoráveis à flexibilização do referido limite temporal, em afronta ao princípio da presunção de inocência.

Assim, concretamente, inexiste no caso de que versa o Acórdão, uma situação singular e avulsa das hipóteses previstas no Código de Processo Penal aptas a permitirem um encarceramento cautelar além do prazo legalmente previsto, e a busca da verdade é lançada na fundamentação como um argumento de autoridade que,

---

CPP, art. 353. Quando o réu estiver fora do território da jurisdição do juiz processante, será citado mediante precatória.

94 "*Habeas corpus.* Processo penal. Excesso de prazo. Constrangimento ilegal. – "O prazo para encerramento da instrução criminal conta-se separadamente. Precedentes. A demora na formação da culpa, excedendo os 81 dias, sem motivo dado pela defesa, caracteriza constrangimento ilegal. *Habeas* deferido. O paciente está preso há mais de 3 (três) anos. O prazo para encerramento da instrução criminal é de 81 (oitenta e um) dias (CPP, art. 401)." (STF – 2ª T. – HC 78978-1 – Rel. Nelson Jobim – j. 09.05.2000 – JSTF-LEX 268/285). (Ementa parcial).

a par da ausência de motivação efetiva que valide a excepcional manutenção da prisão cautelar, especialmente além do prazo legal, sobrepõe o conteúdo da exigência constitucional de motivação das decisões.

1.2.2.9 A verdade real utilizada como argumento para autorizar a instrução de ofício pelo juiz

Outra questão que carece de comentários diz respeito à instrução *ex officio* pelo juiz de primeiro grau, de corte notoriamente inquisitivo, incluindo-se a tomada de depoimento de testemunhas determinada de ofício, a oitiva de testemunhas além do limite legal em favor de uma das partes e até mesmo a inquirição determinada após o encerramento da instrução de testemunhas que não foram nem ao menos referidas em outros depoimentos. Tais hipóteses que apesar de afrontarem princípios constitucionais, escoram-se na verdade real como meio de afirmação.

O Supremo Tribunal Federal, no recurso em *Habeas Corpus* 62054-RJ[95] no qual se questionava a oitiva de

---

[95] HABEAS CORPUS. ART-209 DO CÓDIGO DE PROCESSO PENAL. TESTEMUNHA NÃO ARROLADA PELAS PARTES. BUSCA DA VERDADE MATERIAL. O ART-209 DO CÓDIGO DE PROCESSO PENAL CREDENCIA A OITIVA, PELO JUIZ, DE PESSOAS OUTRAS QUE NÃO AS ARROLADAS COMO TESTEMUNHA PELAS PARTES, NA BUSCA DA VERDADE MATERIAL – ENCARGO QUE O DISTINGUE DO JUIZ NO CÍVEL. RECURSO DESPROVIDO. SUPREMO TRIBUNAL FEDERAL. **Recurso em** *Habeas Corpus.* **62054; RJ; Segunda Turma;** Rel. Min. **Francisco Rezek;** j. 24-08-84; publ. 14-09-84. **No mesmo sentido**, SUPERIOR TRIBUNAL DE JUSTIÇA. *Habeas Corpus.* 31.294; Proc. 2003/0191765-5; PR; Sexta Turma; Rel. Min. Hamilton Carvalhido; Julg. 19/08/2004; DJU 09/10/2006. SUPERIOR TRIBUNAL DE JUSTIÇA. *Recurso Especial.* 505972; SC;

testemunhas de ofício pelo juiz de primeira instância, julgou desprovido o recurso com respaldo na "busca da verdade material" e na previsão do artigo 209 *caput* do Código de Processo Penal[96] que expressamente respalda a referida iniciativa inquisitiva do juiz.

Na ação de *Habeas Corpus* 35256[97], o Superior Tribunal de Justiça preteriu os princípios da igualdade das partes e do contraditório em prestígio à "busca da verdade real" quando convalidou a oitiva de testemunhas do Ministério Público além do limite imposto pelo Código de Processo Penal[98].

O Superior Tribunal de Justiça denegou a ordem no *Habeas Corpus* 22915-SC[99] em que se suscitou nulidade

---

Sexta Turma; Rel. Min. Paulo Geraldo de Oliveira Medina; Julg. 20/11/2003; DJU 09/12/2003. SUPERIOR TRIBUNAL DE JUSTIÇA. Recurso Especial. 4932; RN; Sexta Turma; Rel. Min. Paulo Roberto Saraiva da Costa Leite; Julg. 23/04/1991; DJU 20/05/1991. SUPERIOR TRIBUNAL DE JUSTIÇA. Embargos de Declaração em *Habeas Corpus*. 3866; SP; Quinta Turma; Rel. Min. Jesus Costa Lima; Julg. 28/09/1994; DJU 17/10/1994.

96 Art. 209. O juiz, quando julgar necessário, poderá ouvir outras testemunhas, além das indicadas pelas partes.

97 3. O Ministério Público pode arrolar quantas testemunhas entender necessárias na denúncia, sem qualquer violação à igualdade das partes, porquanto o julgador determinará, posteriormente, quais serão ouvidas como testemunhas de acusação ou do juízo, à luz do princípio da busca da verdade real. SUPERIOR TRIBUNAL DE JUSTIÇA; *Habeas Corpus*. 35256; SP; Quinta Turma; Relª Minª Laurita Hilário Vaz; Julg. 02/02/2006; DJU 20/03/2006; Pág. 311. (Ementa parcial).

98 Art. 401. Na instrução poderão ser inquiridas até 8 (oito) testemunhas arroladas pela acusação e 8 (oito) pela defesa.

99 CRIMINAL. HC. HOMICÍDIO CULPOSO. OITIVA DE TESTEMUNHAS APÓS O ENCERRAMENTO DA INSTRUÇÃO. FACULDADE DO JUIZ. INOCORRÊNCIA DE CONSTRANGIMENTO ILEGAL. ORDEM DENEGADA. I. Não se verifica ilegalidade na oitiva de testemunhas após o encerramento da

processual gerada pela oitiva de testemunhas que não foram nem ao menos referidas em outros depoimentos, de ofício e após o encerramento da instrução, estando os autos conclusos para sentença.

Não obstante as alterações do Código de Processo Penal ocorridas no ano de 2008 terem mantido a abertura legislativa para a determinação *ex officio* de diligências pelo juiz da causa, inclusive antecipadamente antes do início da ação penal[100] [101], a matéria é extremamente tormentosa e representa uma ameaça à imparcialidade do órgão julgador, pois a mesma liberdade conferida ao juiz para decidir lhe será ofertada para instruir e permite o resgate do modelo inquisitivo, ainda que mitigado, no qual o juiz se vale da instrução para carrear elementos que corroborem a sua pré-concepção sobre o caso.

> A imparcialidade do juiz fica evidentemente comprometida quando estamos diante de um juiz-instrutor

---

instrução, mesmo que não tenham sido referidas durante o sumário da culpa e os autos já estejam conclusos para a sentença. II. Trata-se de providência tomada com o fim de esclarecer a situação do feito, buscando formar a convicção do Magistrado, em busca da verdade real. III. Inteligência do art. 209 do Código de Processo Penal. IV. Ordem denegada. STJ; HC 22915; SC; Quinta Turma; Rel. Min. Gilson Langaro Dipp; Julg. 09/09/2003; DJU 06/10/2003; pág. 00289.

100 CPP, Art. 156. A prova da alegação incumbirá a quem a fizer, sendo, porém, facultado ao juiz de ofício:
I – ordenar, mesmo antes de iniciada a ação penal, a produção antecipada de provas consideradas urgentes e relevantes, observando a necessidade, adequação e proporcionalidade da medida;
II – determinar, no curso da instrução, ou antes de proferir sentença, a realização de diligências para dirimir dúvida sobre ponto relevante.

101 O anteprojeto de reforma do Código de Processo Penal recém concluído excluiu a possibilidade de instrução probatória de ofício pelo juiz.

> (poderes investigatórios) ou quando lhe atribuímos poderes de gestão/iniciativa probatória.[102]

Importa sublinhar que o Código de Processo Penal pátrio modelado sob a forja ditatorial, mesmo após as recentes alterações, não guarda sintonia com a índole liberal-garantista da Constituição da República[103].

> Tudo o que existe de prerrogativa do acusado, no processo penal, não passa de direitos e garantias assegurados na Constituição, numa lenta e exasperante luta contra a onipotência do Estado.[104]

Por essa razão, constitui tarefa premente a infusão no processo penal das normas constitucionais como condição indeclinável para a sua legitimidade e adequação com a natureza democrática do Estado.

O Tribunal Europeu de Direitos Humanos (TEDH), no caso Piersack *vs.* Bélgica, em decisão de 01/10/1982, dentre os argumentos articulados em torno de violação à imparcialidade do Tribunal onde fora condenado Piersack a 18 anos de trabalhos forçados por suposto crime de homicídio por disparo de arma de fogo, ocorrido na cidade de Bruxelas, em que foram vítimas dois franceses,[105]

---

[102] LOPES JR., Aury. *op cit.* p. 123.

[103] Não se ignora a existência de normas incriminadoras e potencializadoras do rigor da estrutura do *jus puniendi*, *v.g.* a imprescritibilidade do crime de racismo (art. 5º, XLII), a previsão de restrições a crimes hediondos e assemlhados (art. 5º, XLIII), mas, a ideologia que norteou a promulgação da Constituição da República de 1988 majoritariamente converge para a defesa da liberdade individual, da dignidade humana e da estrutura democrática de poder

[104] VARGAS, José Cirilo. *Direitos e garantias individuais no processo* penal. Rio de Janeiro: Forense, 2002. p. 171.

[105] Tribunal Europeo de Derechos Humanos – 25 años de jurisprudência 1959-1983, Madrid: BJC. P. 869 ss. a*pud* SANCINETTI, Marcelo A. *op cit.* p. *43-48*.

precisou os aspectos subjetivos e objetivos do princípio da imparcialidade e asseverou a necessidade do juiz, além de atuar com imparcialidade, transparecer tal postura, porque, conforme sentencia o Tribunal, "desta matéria inclusive as aparências podem se revestir de certa importância"[106], pois "o que está em jogo é a confiança que os tribunais devem inspirar nos cidadãos em uma sociedade democrática"[107].

A estrutura oficial do Estado, principalmente o *jus puniendi*, carece, indeclinavelmente de credibilidade para a sua manutenção, pois a descrença geral retira a legitimidade do órgão de poder e, concomitantemente, extrai-lhe a viabilidade, pois a coletividade precisa depositar a confiança de que o Estado está apto a solucionar os conflitos que lhe chegam.

> O ritual judiciário faz eco de um ritmo simbólico composto por um regresso ao caos, seguido de um confronto entre o bem e o mal, e que termina com o regresso à paz.[108]

No mesmo diapasão, a conquista da confiança geral da população é uma condição de validade do exercício jurisdicional e, por essa razão, os símbolos são ostentados e cultivados com tanto empenho, *v.g.*, a toga, muito mais do que um pedaço de pano ou uma roupa, "designa o homem habilitado pela ordem social para representar-la"[109].

---

106 No original, "*en esta materia incluso las apariencias pueden revstir una cierta importancia.*" *Ibdem*. p. *19*.

107 No original, "*Lo que está en juego es la confianza que los tribunales deben inspirar a los ciudadanos en una sociedad democrática.*" *Ibdem*. p. *19*.

108 GARAPON, Antoine. *Bem* julgar: ensaio sobre o ritual judiciário. Lisboa: Instituto Piaget, 1997. p. 65.

109 GARAPON, Antoine. o*p cit*. p. 90.

> Ao observar o aparato solene da cátedra, das togas, da prisão, dos penachos dos carabineiros atrás do juiz-presidente, do Ministério Público que acusa, dos advogados que defendem, do público que assiste, entre tenso e apaixonado, é fácil as pessoas terem a ilusão de que o que sai dos lábios do juiz, ao final do processo, é a verdade. Pode ocorrer de a sentença exprimir a verdade, no entanto, ninguém o sabe. Poder ser que sim, pode ser que não.[110]

A instrução probatória de ofício pelo juiz da causa caminha em sentido oposto à imparcialidade objetiva, ou seja, à "aparência de imparcialidade"[111] que se deve transpirar para os jurisdicionados.

O Tribunal Constitucional Espanhol, em sintonia com a linha do Tribunal Europeu de Direitos Humanos, declarou a inconstitucionalidade, por vulneração da imparcialidade objetiva do órgão julgador em processo no qual o juiz participou ativamente da instrução processual:

> 2. Dentre as garantias que inclui o art. 24.2 C.E. se encontra, ainda que não se cite de forma expressa, o direito a um Juiz imparcial, que constitui sem dúvida uma garantia fundamental da Administração da Justiça em um Estado de Direito, como o é o nosso de acordo com o art. 1.1. da Constituição. A assegurar essa imparcialidade existem precisamente as causas de recusa e de abstenção que figuram nas leis.[112]

---

[110] CARNELUTTI, Francesco. *As misérias do processo penal.* Trad. Luís Fernando Lobão de Morais. São Paulo: Edicamp, 2001. p. 75.

[111] LOPES JR., Aury. o*p cit.* p. 126.

[112] No original, "2. Entre las garantias que incluye el art. 24.2 C.E. se encuentra, aunque no se cite en forma expresa, el derecho a un Juez imparcial, que constituye sin duda una garantía fundamental de la Administración de Justicia en un Estado de Derecho, como lo es el nuestro de acuerdo con el art. 1.1 de la Constitución.

A democracia no processo, representada pela construção do conjunto instrutório por aqueles que potencialmente serão afetados pelo provimento, conjunto este que será composto pelas ações e omissões das partes, igualmente resta abalada em virtude da instrução *ex officio* pelo órgão julgador, na medida em que, ao perquirir elementos de convencimento a partir do ingênuo propósito de se apurar o fato ocorrido, o Órgão imparcial, inexoravelmente, sobrepujará a atuação de uma das partes e desequilibrará a igualdade de oportunidades de participação na edificação da instrução processual.

Na condição de titulares dos direitos que serão afetados pelo ato jurisdicional, as partes devem participar da fase de preparação do provimento "na simétrica paridade de suas posições"[113] com igualdade de oportunidades entre si. Esta igualdade é embasada na liberdade de todos perante a lei.

A igualdade de possibilidades está além de um critério meramente formal que desconsidera a existência de desigualdades concretas entre as partes. Essas existem e são importantes por decorrerem do esforço individu-

---

A asegurar esa imparcialidad tienden precisamente las causas de recusación y de abstención que figuran en las leyes. La recogida en el art 54.12 de la L.E.Cr. busca preservar la llamada imparcialidad «objetiva», es decir, aquella cuyo posible quebrantamiento no deriva de la relación que el Juez haya tenido o tenga con las partes sino de su relación con el objeto del processo." TRIBUNAL CONSTITUCIONAL ESPANHOL. Cuestiones de Inconstitucionalidade. Número de registro: 1344 e 1412/1987 (acumulados); Pleno; Referência número: 145/1988, julgado em 12/7/1988, publicado em 19/08/1988; BOE núm. 189.

[113] No original: *nella simmetrica parità delle loro posicione*. *In*, FAZZALARI, Elio. *Istituzioni di diritto processuale.* 8. ed. Padova: Cedam, 2001. p. 83.

al, prestigiando-se, desta maneira, o empenho pessoal. "O que não se admite é a desigualdade no ponto de partida"[114]. Por essa razão, o regramento constitucional-processual regula a possibilidade de ambas as partes "serem titulares de situações ativas e passivas previstas na Constituição e na lei processual"[115].

A ocorrência de desigualdades geradas a partir do merecimento individual é perfeitamente legítima, ou seja, a parte que melhor adimplir para a instrução processual, fornecendo mais elementos de provas e argumentos terá para si uma situação jurídica favorável, propiciando maiores chances de êxito, em detrimento da outra parte que se mantiver inerte e omitir-se em contribuir para a instrução processual.

> O legislador processual, longe de configurar o direito à prova como de exercício obrigatório, optou por deixar certa margem de liberdade às partes para decidir se o exercitam ou não, como sucede com grande parte dos direitos, que raramente se convertem em irrenunciáveis; tal é o caso, por exemplo, do direito de defesa em sua vertente de direito a receber assistência do profissional letrado.
>
> É necessário, pois, abandonar a tradicional concepção da carga probatória como um estado de sujeição de vontade, que deve ser substituída, a partir desta perspectiva, por sua percepção como modo previsto legalmente de exercitar o direito fundamental à prova, constituindo assim um exemplo de autorresponsabilidade ou autogestão de

114 DALLARI, Dalmo de Abreu. *Elementos da Teoria Geral do Estado*. 19. ed. São Paulo: Saraiva, 1995. p. 259.

115 BARACHO, José Alfredo de Oliveira. *Teoria geral do processo constitucional*. *In* Revista de Direito Comparado. Belo Horizonte: Faculdade de Direito/UFMG. v. 4. p. 57.

interesses, dirigido à proteção de um direito que se considera valioso.[116]

O juiz ao se deparar com um caso específico, em função de sua carga pessoal de valores, desenvolve uma pré-concepção sobre o fato objeto do processo, bem como sobre os envolvidos que será inibida a partir da observância dos limites impostos pelo ordenamento jurídico, notadamente pelo seu atrelamento aos argumentos e provas fornecidos pelas partes.

Segundo o princípio do livre convencimento motivado, o juiz decidirá com inteira liberdade, aberto às suas pré-concepções e aos seus sentimentos pessoais, mas, necessariamente, se vinculará ao conjunto constituído pelas ações e omissões das partes e somente delas, pois a interferência do juiz para compensar eventual omissão ou má instrução, é absolutamente vedada por comprometer a estrutura democrática na formação do ato de poder.

Se o juiz gozasse de autonomia para contribuir diretamente com a instrução processual ele o faria guiado pela mesma pessoalidade com que julgaria e, dessa forma, o preconceito inicial, próprio da condição de

---

[116] No original, *El legislador procesal, lejos de configurar el derecho a la prueba como de ejercicio obligatorio, ha optado por dejar cierto margen de libertad a las partes para decidir si lo ejercitan o no, como sucede con gran parte de los derechos, que rara vez se convierten en irrenunciables; tal es el caso, por ejemplo, del derecho de defensa en su vertiente de derecho a recibir asistencia letrada. Es necesario, pues, abandonar la tradicional concepción de la carga de la prueba como un estado de sujeción de la voluntad, que debe ser sustituida, desde esta perspectiva, por su percepción como modo previsto legalmente de ejercitar el derecho fundamental a la prueba, constituyendo así un ejemplo de autorresponsabilidad o autogestión de intereses, dirigido a la protección de un derecho que se considera valioso. In*, LÓPEZ, Mercedes Fernández. *op cit.* p. 95-96.

ser humano, nortearia o juiz na tarefa de amealhar os elementos de instrução e, portanto, estaria invertida a ordem de construção do provimento jurisdicional: primeiro o juiz decidiria e posteriormente colheria os meios que comprovariam a sua decisão prévia.

Ademais, os partidários da instrução de ofício pelo membro da Jurisdição não apresentam critérios objetivos que estabeleçam a oportunidade e os limites da instrução e, mais uma vez, compactuam com a vinculação dos parâmetros aos sentimentos pessoais do juiz. Se o juiz encontrasse um invólucro com maconha na gaveta do armário de seu filho, se o aparelho de som do carro do juiz fosse furtado, se a Corregedoria de Justiça do Tribunal de Justiça exigisse a prolação de um número maior de sentenças ou se o juiz estivesse fisicamente indisposto, todas seriam circunstâncias que interfeririam diretamente no ativismo instrutório.

Não se trata aqui de uma reflexão sobre boa ou má-fé do profissional, mas tão somente se reconhece a interferência da carga de informações, valores e experiências prévios e indissociáveis do ser humano e que independem de sua profissão ou ocupação e se conclui que a referida participação compromete a prestação jurisdicional.

Esclareça-se que o juiz não é e jamais poderá se comportar como um espectador privilegiado e estático, o qual presencia o enfrentamento das partes que, relegadas ao arbítrio de seus representantes, sofrerão de forma direta as eventuais omissões e os supostos equívocos na instrução processual, inclusive fruto de culpa grave ou dolo.

Inserido no atual modelo de processo, em sintonia com os preceitos do Estado Democrático de Direito, o juiz, como terceiro em relação aos efeitos do provimento, não participa em contraditório com as partes, ele não integra o jogo do dizer e do contradizer. Mas a sua importância é fundamental para a segura aplicação do arcabouço jurídico e, especialmente para garantir, assegurar e fazer observar os princípios constitucionais aplicáveis ao processo, impedindo qualquer violação aos mesmos.

Diante de advogados e representantes do Ministério Público que cometam erros grosseiros, omissões injustificadas ou outros atos cuja imperfeição formal ou de conteúdo comprometam os interesses que representam, deve o juiz agir e, primeiramente, encaminhar a questão para os órgãos institucionais incumbidos de apurar faltas éticas e disciplinares[117]. Ademais, no caso do advogado defensor, em virtude da magnitude do prejuízo para os interesses do figurante no pólo passivo do processo penal, deve o juiz declarar a nulidade absoluta do ato defensivo praticado com suporte na Súmula 523 do Supremo Tribunal Federal[118].

Certo é que o juiz, em nenhum caso, poderá compensar as omissões ou equívocos de quaisquer das partes com diligências probatórias determinadas de ofício.

---

[117] Lei Orgânica do Ministério Público
Art. 39. Compete ao Corregedor-Geral do Ministério Público:
(...)
XXIX – receber denúncia ou reclamação fundamentada apresentada por qualquer pessoa sobre irregularidade ou abuso cometido por membro do Ministério Público, dando o encaminhamento que for de direito e instaurando, se for o caso, o devido processo disciplinar, cujo ato de abertura será publicado no órgão oficial do Estado;
Estatuto da Advocacia e da OAB
Art. 72. O processo disciplinar instaura-se de ofício ou mediante representação de qualquer autoridade ou pessoa interessada.

[118] Súmula 523: No processo penal, a falta da defesa constitui nulidade absoluta, mas a sua deficiência só o anulará se houver prova de prejuízo para o réu.

1.2.2.10 A verdade real como elemento de fundamentação da instrução de ofício pelo Órgão revisor no Tribunal de Apelação

O Supremo Tribunal Federal, no julgamento do *Habeas Corpus* 69335-SP[119] decidiu que a realização de novo interrogatório, a re-inquirição de testemunhas e a determinação de novas diligências, além da autorização legal, estariam norteadas pela "busca da verdade real", ou seja, a fundamentação estriba-se em dois argumentos de autoridade.

A possibilidade de o Órgão revisor determinar diligências *ex officio*, mesmo diante da autorização legislativa[120], emerge como afronta ainda mais intensa à segurança jurídica diante dos limites próprios da atuação do Órgão que, em virtude de seu papel de duplo grau de jurisdição, ou seja, promover uma segunda apreciação sobre os elementos de fato e de direito amealhados na primeira instância, em regra não oportuniza nem mesmo às partes a possibilidade de instrução probatória.

Importante relevar que o ativismo instrutório do Órgão Jurisdicional não se justifica nem mesmo motivado para colher elementos favoráveis ao imputado,

---

119 RECURSO. DILIGÊNCIA. Ao órgão revisor é assegurada a possibilidade de levar a efeito novo interrogatório do acusado, a reinquiricao das testemunhas e determinar outras diligências – artigo 616 do Código de Processo Penal. Tal procedimento é norteado pela busca da verdade real, não se podendo cogitar de limitação consideradas as balizas do recurso interposto. SUPREMO TRIBUNAL FEDERAL. *Habeas Corpus*. 69335; SP; Segunda Turma; Rel. Min. Marco Aurélio; Julg. 09/06/1992; DJU 07/08/1992. (Ementa parcial).

120 CPP, Art. 616. No julgamento das apelações poderá o tribunal, câmara ou turma proceder a novo interrogatório do acusado, reinquirir testemunhas ou determinar outras diligências.

sendo que tal vedação não prejudica o integrante do pólo passivo do processo penal, uma vez que o ônus da prova incumbe ao titular da ação penal e a inocência não prescinde de prova. "Dado que o fato mesmo de que o juiz lamente a falta de aquisição de uma prova que considera idônea para refutar a acusação é suficiente, afirma Guzmán, para justificar a dúvida sobre a hipótese acusatória e, por conseguinte, para motivar a absolvição" [121].

1.2.2.11 A validade da instrução pessoal pelo juiz escorada no argumento de busca da verdade real

Em um movimento espiral negativo, a verdade real que, num primeiro momento fundamentava a autonomia do juiz de primeiro grau para determinar diligências probatórias, agrediu mais intensamente a estrutura principiológica do ordenamento jurídico pátrio ao estender ao órgão de segundo grau a oportunidade de complementar a instrução probatória das partes e assola a estrutura processual democrática ao chancelar a possibilidade do juiz pessoalmente carrear provas ao processo[122], uma autorização que revela uma preocupante

[121] No original, *Dado que el hecho mismo de que el juez lamente la falta de adquisición de una prueba que considera idónea para refutar la acusación es suficiente, afirma Guzmán, para justificar la duda sobre la hipótesis acusatoria y, por consiguiente, para motivar la absolución. In*, GUZMÁN, Nicolas. *La verdad en el proceso penal: una contribuición a la epstemología jurídica*. Prólogo de Luigi Ferrajoli. Buenos Aires: Editores del puerto, 2006. p. VII.

[122] EMENTA: MEDIDA CAUTELAR EM AÇÃO DIRETA DE INCONSTITUCIONALIDADE. LEI Nº 9.034, DE 03/05/95: ART. 3º E SEUS PARÁGRAFOS: DILIGÊNCIA REALIZADA PESSOALMENTE PELO JUIZ. PRELIMINARES: LEGITIMIDADE ATIVA "AD CAUSAM"; PERTINÊNCIA TEMÁTICA. AÇÃO CONHECIDA. FUNÇÃO DE POLÍCIA JUDICIÁRIA:

USURPAÇÃO NÃO CONFIGURADA. DEVIDO PROCESSO LEGAL: INEXISTÊNCIA DE OFENSA. IMPARCIALIDADE DO JUIZ: NÃO HÁ COMPROMETIMENTO. PRINCÍPIO DA PUBLICIDADE: OFENSA NÃO CARACTERIZADA. MEDIDA CAUTELAR INDEFERIDA. 1. Preliminar: legitimidade ativa "ad causam": tem-se como já pacificado o reconhecimento da legitimidade ativa "ad causam" da ADEPOL, em face dos precedentes desta Corte, entendendo tratar-se de entidade de classe de âmbito nacional, com capacidade para agir em sede jurisdicional concentrada, atendendo assim o disposto no art. 103, inciso IX, da Constituição Federal. 2. Preliminar: pertinência temática: de reconhecer-se, uma vez que o objetivo social da Autora, segundo seus estatutos, é atuar na defesa das prerrogativas, direitos e interesses dos Delegados de Polícia, pugnando pela preservação das Polícias Federal e Civis dos Estados e do Distrito Federal como instituições permanentes e independentes, destinadas ao exercício, com exclusividade, das funções de polícia judiciária, o que caracteriza o interesse na causa. 3. Mérito do pedido cautelar: a) a Lei nº 9.034/95 é lei especial, tendo em vista que dispõe sobre a utilização de meios operacionais para a prevenção e repressão de ações praticadas por grupos de organizações criminosas e constitui-se em medida de alta significação no combate ao crime organizado; b) não há dúvida que a Lei nº 9.034/95 subtraiu da Polícia a iniciativa do procedimento investigatório especial, cometendo-o diretamente ao juiz, pelo fato peculiar de destinar-se o expediente o acesso a dados, documentos e informações protegidos pelo sigilo constitucional, o que, mesmo antes do seu advento, já estava a depender de autorização judicial para não caracterizar prova ilícita; c) aceitável, em princípio, o entendimento de que se determinadas diligências, resguardadas pelo sigilo, podem ser efetuadas mediante prévia autorização judicial, inexiste impedimento constitucional ou legal para que o próprio juíz as empreenda pessoalmente, com a dispensa do auxílio da polícia judiciária, encarregando-se o próprio magistrado do ato; d) o art. 3º da Lei nº 9.034/95 está inserido em um sistema que, tendo por corolário o dever do Estado, objetiva a prestação da segurança pública, a apuração das infrações penais e a punição dos infratores; e) as normas contidas no art. 144, § 1º, inciso IV, e § 4º não devem ser interpretadas como limitativas do dever da prestação jurisdicional, cuja extensão vai desde a apuração dos fatos até a decisão judicial, elastério esse compreendido no conceito obstinação na perquirição da mística verdade real: "uma obsessão do gênero conduz à tortura" [123].

A estrutura democrática no exercício jurisdicional, o sistema acusatório, a inércia jurisdicional e a imparcialidade do órgão julgador foram considerados pequenos e burocráticos formalismos jurídicos se cotejados com a busca da verdade real.

Vale lembrar que a discussão sobre os limites de prova no processo penal não é um simples problema jurídico processual-penal, sendo, muito antes, uma questão que guarda íntima conexão com as relações estabelecidas entre o Estado e o cidadão: "se encontrarmos um processo criminal iníquo, com procedimentos arbitrários,

---

de exercício da magistratura; f) competindo ao Judiciário a tutela dos direitos e garantias individuais previstos na Constituição, não há como imaginar-se ser-lhe vedado agir, direta ou indiretamente, em busca da verdade material mediante o desempenho das tarefas de investigação criminal, até porque estas não constituem monopólio do exercício das atividades de polícia judiciária; g) a participação do juíz na fase pré-processual da persecução penal é a garantia do respeito aos direitos e garantias fundamentais, sobretudo os voltados para a intimidade, a vida privada, a honra e a imagem da pessoa acerca de quem recaem as diligências, e para a inviolabilidade do sigilo protegido pelo primado constitucional; h) não há cogitar-se de violação das garantias constitucionais do devido processo legal e da ampla defesa, pois os §§ 3º e 5º do art. 3º da Lei nº 9.034/95 até asseguram o acesso das partes às provas objeto da diligência; i) a coleta de provas não implica valorá-las e não antecipa a formação de juízo condenatório; j) a diligência realizada pelo juiz, sob segredo de justiça, não viola o princípio constitucional da publicidade previsto no inciso LX do art. 5º, que admite restringi-lo. 4. Medida cautelar indeferida. SUPREMO TRIBUNAL FEDERAL. Ação Direta de Inconstitucionalidade com Medida Cautelar.1517; UNIÃO FEDERAL; Rel. Min. Maurício Corrêa; Tribunal Pleno; j. 30-04-97; publ. 22-11-02.

123 No original *[...] un'ossessione del genere conduce alla tortura.* CORDERO, F. *Procedura* penale. 4. Ed. Milão: Giuffrè, 1977. P. 20. Tradução livre.

prepotentes, é evidente que estaremos em face de um Estado ditatorial, déspota. Se, ao contrário, o processo for constituído por um procedimento que tenha em mira salvaguardar da maneira mais completa possível a dignidade da pessoa humana, estaremos em face de um Estado democrático".[124]

As críticas lançadas contra a iniciativa probatória do órgão jurisdicional merecem especial relevo na hipótese jurisdicional acima indicada que reforça a previsão da Lei 9.034/95.[125], em que o juiz diretamente, em qualquer

---

[124] ARAÚJO, Sérgio Luiz de Souza. *Teoria Geral do Processo Penal*, Belo Horizonte: Mandamentos, 1999. p. 19.

[125] Art. 3º Nas hipóteses do inciso III do art. 2º desta lei, ocorrendo possibilidade de violação de sigilo preservado pela Constituição ou por lei, a diligência será realizada pessoalmente pelo juiz, adotado o mais rigoroso segredo de justiça.

§ 1º Para realizar a diligência, o juiz poderá requisitar o auxílio de pessoas que, pela natureza da função ou profissão, tenham ou possam ter acesso aos objetos do sigilo.

§ 2º O juiz, pessoalmente, fará lavrar auto circunstanciado da diligência, relatando as informações colhidas oralmente e anexando cópias autênticas dos documentos que tiverem relevância probatória, podendo para esse efeito, designar uma das pessoas referidas no parágrafo anterior como escrivão *ad hoc*.

§ 3º O auto de diligência será conservado fora dos autos do processo, em lugar seguro, sem intervenção de cartório ou servidor, somente podendo a ele ter acesso, na presença do juiz, as partes legítimas na causa, que não poderão dele servir-se para fins estranhos à mesma, e estão sujeitas às sanções previstas pelo Código Penal em caso de divulgação.

§ 4º Os argumentos de acusação e defesa que versarem sobre a diligência serão apresentados em separado para serem anexados ao auto da diligência, que poderá servir como elemento na formação da convicção final do juiz.

§ 5º Em caso de recurso, o auto da diligência será fechado, lacrado e endereçado em separado ao juízo competente para revisão, que dele tomará conhecimento sem intervenção das secretarias e gabinetes,

fase da persecução criminal, pode acessar dados, documentos e informações fiscais, bancárias, financeiras e eleitorais para instruir o processo que preside e que julgará.

1.2.2.12 A Lei 9.034/95 como exemplo de uma nefasta tendência estrutural de negar a crise estatal a partir de leis panfletárias e que forjam uma sensação de segurança

A Lei 9.034/95, publicitariamente prevê em sua ementa dispor "sobre a utilização de meios operacionais para a prevenção e repressão de ações praticadas por organizações criminosas" e, na verdade, regula os delitos supostamente praticados por quadrilha, bando, organizações ou associações criminosas de qualquer tipo e, em outras palavras, a organização prevista na ementa como critério para excepcionar as agressivas medidas de instrução se arrefece quando no artigo 1º prevê as hipóteses em que se aplica. "Ora, se os mais distintos fenômenos criminais praticados por mais de uma pessoa são divulgados como crime organizado, nada é crime organizado; esvazia-se o conteúdo da expressão."[126]

Atualmente, vive-se uma situação crítica "cujo sintoma mais característico é a perda da segurança de resposta com que, há algumas décadas reagia o penalismo da região"[127]. Como reação à premente e crescente crise,

---

devendo o relator dar vistas ao Ministério Público e ao Defensor em recinto isolado, para o efeito de que a discussão e o julgamento sejam mantidos em absoluto segredo de justiça.

[126] SALES, Sheila Jorge Selim. *Escritos de direito penal.* Belo Horizonte: Movimento Editorial da Faculdade de Direito da UFMG, 2004. p. 125.

[127] ZAFFARONI, Eugenio Raúl. *Em busca das penas perdidas*: a perda da legitimidade do sistema penal. Trad. Vânia Romano Pedrosa e

ao invés de se implementarem mecanismos que a combatam e a reduzam, os órgãos oficiais em geral, contentam-se em implementar instrumentos negadores da crise, especialmente diplomas legais, *v.g.*, Estatuto da Criança e do Adolescente, Estatuto do Idoso, Lei Maria da Penha, Estatuto do Desarmamento, Lei de Crimes Hediondos, houve a utilização proposital do "nome fantasia" das leis, com o fim de enfatizar caráter panfletário e propagandista das mesmas.

Incrementam o rigor legal, majoram penas, tipificam mais condutas, excepcionam garantias individuais e na exata medida em que acirram os punhos para aplicar punições duras, os criminosos escorrem por entre os dedos da estrutura punitiva do Estado que se torna cada vez mais seletiva, uma vez que, via de regra, somente o pessoa sem estrutura sócio-econômico-financeira sucumbe ao *jus puniendi* e a sociedade envolvida em um ciclo vicioso, testemunha reiteradas operações de encrudecimento do sistema punitivo e correspondente perda de efetividade e de legitimidade.

Acresça-se, ainda, que as vãs tentativas de negar a crise do sistema, em muitos casos comprometem garantias e direitos individuais o que lhes confere, além da patente ineficácia na efetivação do *jus puniendi*, o nefasto papel de violadoras da estrutura garantista do Estado e, dessa forma, o antídoto além de inócuo para o combate da doença, ainda gera efeitos colaterais mais danosos do que a própria enfermidade.

Cumpre salientar que "os diversos princípios garantistas se configuram, antes de tudo, como um esquema epistemológico de identificação do desvio penal, orientado a

---

Amir Lopes da Conceição. Rio de Janeiro: Renava, 1991. p. 12.

assegurar, a respeito de outros modelos de direito penal historicamente concebidos e realizados, o máximo grau de racionalidade e confiabilidade do juízo e, portanto, de limitação do poder punitivo e de tutela da pessoa contra a arbitrariedade"[128].

Nunca é demais repisar, sempre com mais energia, a necessidade de preservação da estrutura principiológica fundamental sobre a qual se alicerça o modelo de Estado brasileiro, no qual a tutela da liberdade individual e da dignidade da pessoa humana são objetivos de primeira ordem.

O Juiz de Direito convive diuturnamente com a incômoda realidade de testemunhar direitos perecerem nas prateleiras e mesas da secretaria do Órgão Jurisdicional em que atua em virtude da morosidade processual, *v.g.*, dificuldade em localizar testemunhas, demora na promoção de exames periciais, lentidão no cumprimento de cartas precatórias, excessivos requerimentos de produção de provas, bem como em razão de limites normativos à apuração dos fatos, situação esta que, em virtude de reiteradas prescrições, assegura a impunidade de criminosos contumazes e nocivos os quais, além de escarnecerem do Estado-Jurisdição, sentem-se inalcançáveis pela estrutura punitiva oficial e se motivam para empreender novas empreitadas delitivas.

No entanto, essa pertinente inquietação que revela o compromisso profissional e ético do Juiz com o seu mister e a consequentes buscas de maior celeridade, simplicidade e eficácia processuais não podem, jamais, em hipótese alguma, fragilizar a estrutura normativa do

---

128 FERRAJOLI. Luigi. *Direito e razão*: teoria do garantismo penal. São Paulo: Revista dos Tribunais, 2002. p. 30.

Estado, especialmente, os direitos e garantias individuais, tipificados como princípios na Constituição da República de 1988, pois, a inobservância de tais princípios "[...] implica ofensa não apenas a um específico mandamento obrigatório, mas a todo o sistema de comandos. É a mais grave forma de ilegalidade ou inconstitucionalidade, conforme o escalão do princípio atingido porque representa insurgência contra todo o sistema, subversão de seus valores fundamentais, contumélia irremissível a seu arcabouço e corrosão de sua estrutura mestra."[129]

O *jus puniendi*, instrumento de proteção dos principais valores individuais e coletivos, somente cumprirá sua relevante tarefa caso esteja vinculado ao arcabouço normativo estatal, inclusive e especialmente aos direitos e garantias individuais, sob pena do direito de punir infligir perseguições e opressões camuflado sob o nobre manto de tutela dos bens jurídicos.

> Que o 'Estado-polícia', com seus fundamentalmente ilimitados meios, possa de fato perseguir e apenar com mais eficácia que o Estado liberal de Direito, desgraçadamente, o demonstra o exemplo atual de todas as ditaduras de nosso mundo, sejam de cunho socialista, fascista ou de qualquer outra natureza e corte políticos.
>
> Esta confrontação mostra precisamente que no 'Estado polícia' subsiste o perigo de que se possam dirigir seus próprios ilimitados meios a não culpados. A finalidade do combate da criminalidade resulta contraproducente: a redução da criminalidade privada, com a contemporânea

---

[129] MELLO, Celso Antônio Bandeira de. *Elementos de direito administrativo*. São Paulo: Revista dos Tribunais, 1980. p. 132.

> persecução e punição de inocentes, conduz diretamente à 'criminalidade de Estado'.[130].

A imparcialidade objetiva do juiz, assegurada por meio de sua desvinculação da tarefa investigatória, é um pressuposto elementar de validade e legitimidade das proposições contidas na decisão.

A Jurisdição em um Estado Democrático, vinculada a um sistema acusatório, é ou deveria ser *jus dicere:* interpretar, dizer o Direito e não *jus dare*: fazer, criar ou forjar o Direito.

A oportunidade instrutória aberta pela Lei 9.034/95 resgata reminiscências do sistema processual inquisitório e traz à vida o correlato modelo de juiz acusador, cuja atuação instrutória se prestava a angariar elementos que corroborassem a sua concepção prévia e pessoal, para assim, alicerçar juridicamente a sua decisão.

> Com efeito, o estilo argumentativo da petição de princípio próprio do método inquisitivo é uma tentação permanente no processo penal: cravam-se as investigações

---

130 No original, *Que el "Estado-policía", con sus fundamentalmente ilimitados medios, pueda de hecho perseguir y penar con más eficacia que el Estado liberal de Derecho, desgraciadamente, lo demuestra el ejemplo actual de todas las dictaduras de nuestro mundo, ya sean de cuño socialista, fascista o de cualquier otra naturaleza y corte políticos.*
Esta confrontación muestra precisamente que en el "Estado-policía" subsiste el peligro de que se puedan dirigir sus propios ilimitados medios hacia no culpables. La finalidad del combate de la criminalidad resulta contraproducente: la reducción de la criminalidad privada, con la coetánea persecución y punición de inocentes, conduce directamente a la "criminalidad de Estado". In, GÔSSEL, Karl Heinz. *En búsqueda de la verdad y la justicia.* Fundamentos del procedimiento penal estatal con especial referencia a aspectos jurídico-constitucionales y político-criminales. Mèxico: Editorial Porrúa, 2002. p. 75. (Tradução livre).

> buscando as hipóteses em condições de serem mais bem provadas como verdadeiras e, frequentemente, se termina buscando mais ou menos conscientemente, as provas suficientes para apoiar como verdadeiras as hipóteses de partida.[131]

Importante relevar que não constitui propósito principal do presente trabalho questionar o mérito das decisões acima mencionadas e os argumentos lançados têm o especial propósito de relevar a densidade, complexidade e a polêmica que envolvem as questões referidas nos provimentos jurisdicionais, que dizem respeito, inclusive eventuais violações a princípios constitucionais.

O critério de seleção das decisões foi a utilização da verdade real como motivação, o que afronta o dever constitucional de fundamentação, uma vez que caracteriza o simples cumprimento de tarefa burocrática, e não o necessário fornecimento de informações indispensáveis para viabilizar a efetiva participação das partes.

---

[131] No original, *En efecto, el estilo argumentativo de la petición de principio propio del método inquisitivo es una tentación permanente en el proceso penal: se hincan las investigaciones buscando las hipótesis en condiciones de ser probadas mejor como verdaderas y, a menudo, se termina buscando, más o menos conscientemente, las pruebas suficientes para apoyar como verdaderas las hipótesis de partida. In,* GUZMÁN, Nicolas. o*p cit.* p. IX. (Tradução livre).

2

ALGUMAS CONTRIBUIÇÕES DA FILOSOFIA PARA A DISCUSSÃO SOBRE A VERDADE NO PROCESSO PENAL

2.1 APONTAMENTOS SOBRE A TEORIA DA CORRESPONDÊNCIA – CORRENTE FILOSÓFICA LARGAMENTE UTILIZADA PARA FUNDAMENTAR A VERDADE REAL NO PROCESSO PENAL

Historicamente, diversos adjetivos foram empregados e ainda o são em conjunto com a palavra verdade para estabelecer o objetivo do processo penal: verdade objetiva, verdade real, verdade processual, verdade histórica etc. E todas as expressões, de maneira indistinta, designam um mesmo conceito que enceta a ideia da possibilidade de obter o conhecimento absoluto sobre a verdade no processo penal, uma perfeita correspondência do enunciado com a realidade.

No processo penal pátrio e em diversos ordenamentos alienígenas, arrasta-se, ainda com bastante fôlego e com poucos questionamentos, o legado inquisitorial da verdade processual segundo a teoria da correspondência, como explorado no item 2.1.3., seja por cômoda ignorância ou por uma ingenuidade funcional.

> A justiça moderna obedece ainda ao idealismo metafísico das antigas escolas; serve ainda para aplicar um artigo do Código Penal a uma pessoa viva, doloroso manequim, do qual o juiz não conhece, na realidade ou por ficção legal, nem as condições pessoais, nem a vida física, intelectual e moral, e do qual ele não sabe mais nada, após havê-lo marcado com o selo da lei.[1]

A verdade foi objeto de estudos de Aristóteles em diversos escritos e, para ilustrar a apresentação sobre a teoria da correspondência, merece destaque o trecho do texto *Categorias* capítulo 12:

> Se, com efeito, o homem existe, a proposição pela qual nós dizemos que o homem existe é verdadeira; e, reciprocamente, se a proposição pela qual nós dizemos que o homem existe é verdadeira, o homem existe. Contudo, a proposição verdadeira não é de modo algum causa da existência da coisa; ao contrário, é a coisa que parece ser, de algum modo, a causa da verdade da proposição, pois é da existência da coisa ou da sua não existência que dependem a verdade ou a falsidade da proposição. (14b16-23)[2]

A verdade no processo penal ainda está atrelada a um juízo sobre a relação de conhecimento entre o sujeito que conhece e o fato por conhecer. Haverá êxito se existir adequação, identidade ou conformidade entre a representação do fato pelo sujeito que busca conhecê-lo e o próprio fato, como realidade ontológica.

Os ensinamentos de Aristóteles são o gérmen da teoria da correspondência a qual teve um grande incremento no

1 FERRI, Enrico. *Os criminosos na arte e na literatura*. Trad. Dagma Zimmermann, Porto Alegre: Ricardo Lenz, 2001. p. 24.

2 ARISTÓTELES. *Categorias*: tradução, introdução e comentários de Ricardo dos Santos. Porto: Porto Editora, 1995. p. 123.

século XX, especialmente através das teorias de Russell, Wittgenstein e, posteriormente, Austin.

A teoria da correspondência concebe verdadeira a proposição capaz de reproduzir o acontecimento, projetar a ocorrência concreta ou refletir o fato e se escorou na ideia de que a realidade pode ser perfeitamente refletida através de enunciados, ou seja, entende possível a existência de uma verdade absoluta como imagem do mundo real.

Essa corrente filosófica considera que a verdade de uma sentença ou enunciado consiste em sua coincidência com a realidade, operação esta na qual se estriba o tradicional e ultrapassado objetivo do processo penal: a averiguação objetiva da verdade histórica.

> O fato mostrado como possível deve converter-se em realidade afirmativa ou negativa em todos os seus antecedentes e consequências juridicamente relevantes. A premissa menor do silogismo judicial deve integrar-se completamente, através de operações práticas e críticas dirigidas a obter a verdade do acontecimento julgável. Deve reviver-se o passado em sua reconstrução e reprodução através das manifestações atuais.[3]

Wittgenstein[4] defendeu que a significação detinha uma essência invariável, uma dimensão

[3] No original, *El hecho mostrado como posible debe convertirse em realidad afirmativa o negativa em todas sus antecedentes y consecuencias jurídicamente relevantes. La premissa menor del silogismo judicial debe integrarse completamente, a través de operaciones prácticas y críticas diriidas a obtener la verdad del acontecimiento juzgable. Debe revivirse el pasado em su reconstrucción y reproducción a través de las actuales manifestaciones. In*, OLMEDO, Jorge A. Clariá. *op cit.* t. I. p. 225 ss. (Tradução livre).

[4] Wittgenstein, originalmente correspondista, posteriormente, adere à corrente pragmatista, segundo a qual o significado de um conceito deve ser dado pela referencia às consequências práticas ou experimentais de sua aplicação.

metafísica[5]. A correspondência consistiria em um isomorfismo estrutural entre a estrutura de uma proposição e aquela do fato. Assim, através de "[...] uma linguagem perfeitamente clara, o arranjo das palavras em uma proposição atômica verdadeira refletiria o arranjo das coisas simples no mundo"[6], esta é, em linhas gerais, a ideia da filosofia do atomismo lógico[7].

Russell acrescenta à versão de Wittgenstein (metafísica atomista) a necessidade de uma linguagem ideal e desenvolve uma teoria epistemológica que não altera fundamentalmente a essência da explicação da verdade, a partir da qual, as coisas logicamente simples, desprezadas por Wittgenstein, passaram a ser concebidas como dados dos sentidos, cujo conhecimento era apreendido de maneira direta por familiaridade.[8] Dentro desse contexto, a capacidade de correspondência de uma proposição estaria condicionada à sua composição por nomes de objetos de conhecimento por familiaridade.

Por fim, Austin introduz uma visão centrada em relações convencionais entre as palavras e o mundo e rompe a ideia do isomorfismo estrutural entre proposição e fato.

> A correspondência é explicada mediante dois tipos de 'correlação':

---

5 CONDÉ, Mauro Lúcio Leitão. *As teias da razão*: Wittgenstein e a crise da racionalidade moderna. Belo Horizonte: Argvmentvm, 2004. p. 51.

6 HAACK, Susan. Filosofia das lógicas. São Paulo: Ed. da UNESP, 2002. p. 133-134.

7 O atomismo lógico foi criado por Wittgenstein, mas Russell foi quem divulgou primeiro a filosofia atomista, em suas conferências de 1918, já que a obra de Wittgenstein sobre a matéria, o *Tratactus* foi publicada somente em 1922.

8 HAACK, Susan. o*p cit.* p. 134.

> (i) 'convenções descritivas', correlacionando palavras com *tipos* de situação
>
> e
>
> (ii) 'convenções demonstrativas', correlacionando palavras com situações *específicas*.
>
> A ideia é que no caso de um enunciado tal como 'Estou com pressa', proferido por *s* em *t*, as convenções descritivas correlacionam as palavras com as situações nas quais alguém está com pressa, e as convenções demonstrativas correlacionam as palavras com o estado de *s* em *t*, e que o enunciado é verdadeiro se a situação específica relacionada com as palavras por (ii) é do tipo correlacionado com as palavras por (i).[9]

2.2 A IMPOSSIBILIDADE IDEOLÓGICA, TEÓRICA E PRÁTICA DE SE ALCANÇAR A VERDADE NO PROCESSO PENAL A PARTIR DA TEORIA DA CORRESPONDÊNCIA[10]

Dentre as inúmeras discussões que versam sobre a verdade e que se aplicam, especificamente, à verdade processual, cumpre mencionar três argumentos que repelem a possibilidade de obter a verdade no processo sob a ótica da teoria da correspondência: impossibilidade ideológica, teórica e prática.

> [...] a tradicional ênfase a respeito da obtenção da 'verdade real' tem sido questionada, tanto de um ponto de vista teórico e epistemológico como prático; mas bem parece agora mais aceitável falar de uma 'verdade judicial', é dizer, um grau de conhecimento aceito para o cumprimento de determinadas regras legais, de

---

9 *Ibdem*. p. 135-136.

10 GUZMÁN, Nicolas. *La verdad en el proceso penal: una contribuición a la epstemología jurídica*. Buenos Aires: Editores del puerto, 2006.

> experiência e psicológicas e até por certos elementos consensuais [...].[11]

2.2.1 Impossibilidade Ideológica

A inoportunidade ideológica está relacionada ao vínculo entre verdade como correspondência e método inquisitivo. O emparelhamento da verdade com a investigação inquisitiva medieval e moderna, em que o argumento da apuração da verdade absoluta e de descoberta dos fatos se sobrepunha a limites e regras estabelecidas, aos direitos e garantias da pessoa e aos interesses da própria sociedade subverteu os valores do sistema punitivo e potencializou uma estrutura estatal segregadora e opressora.

O nexo entre verdade real e modelo inquisitivo, remanescente, ainda hoje em prescrições normativas e na concepção de inúmeros profissionais do Direito, revela o prejudicial engajamento à teoria da correspondência, como critério para a adequação da decisão jurisdicional, fato este desabonador e deslegitimador do exercício jurisdicional, na medida em que compromete a estrutura de garantias da pessoa e os limites ao *jus puniendi*.

A justiça da decisão pressupõe a justiça no procedimento, ou seja, ainda que o provimento reflita o fato ocorrido, se o resultado frutificou a partir de violações a direitos fundamentais, restrições a garantias da pessoa

---

[11] No original, *...el tradicional énfasis respecto de la obtención de la 'verdad real' ha sido cuestionado, tanto desde um punto de vista teórico y epistemológico como práctico; más bien parece ahora más aceptable hablar de uma 'verdad judicial', es decir, un grado de conocimiento aceptado por El cumplimiento de determinadas reglas legales, de experiência y psicológicas y hasta por ciertos elementos consensuales... In,* OLMEDO, Jorge A. Clariá. *op cit.* t. I. p. 225-226. (Tradução livre).

humana e descumprimentos a limites normativos, o ato de poder jurisdicional ao invés de meio de tutela se torna instrumento de risco para a coletividade.

2.2.2 Impossibilidade Teórica

No tocante à impossibilidade teórica de obter a verdade a partir de parâmetros racionais, os seus partidários baseiam-se na ideia de que a verdade não surge avulsa, como simples fenômeno do mundo real e "não pode existir independentemente da mente humana"[12], bem como no abandono da ideia de linguagem como simples representação.

> O mundo não nos provém com nenhum critério de escolha entre metáforas alternativas, que nós somente podemos comparar linguagem ou metáforas com outra, não com alguma coisa além da linguagem chamada 'fato'.[13]

A expressão da verdade, na condição de produção mental, está vinculada a inúmeras contingências de linguagem, próprias da pluralidade de culturas, da variedade de vocabulários e de significações e, portanto, a verdade estaria reduzida a uma simples criação humana, cuja validade estaria previamente condicionada por eventuais limites de comunicação.

A relatividade da verdade processual guarda sintonia com a epistemologia contemporânea a qual demonstra que a relatividade é essencial ao conhecimento nas mais diversas searas, fruto da marca indelével da falibilidade

---

12 No original, "[...] cannot exist independently of the human mind [...]. *In*, RORTY, Richard. *Contingency, irony, and solidarity*. Cambridge: Cambridge University Press, 1989. p. 5. (Tradução livre).

13 [...] the world does not provide us with any criterion of choice between alternative metaphors, that we can only compare languages or metaphors with one another, not with something beyond language called 'fact'." *Ibdem*. p. 20. (Tradução livre).

inerente ao ser humano e inexoravelmente comum às suas produções.

Portanto, uma premissa argumentativa é que o processo judicial e, especificamente para os fins do presente estudo o processo penal, na condição de processo de conhecimento, tão somente pode almejar uma verdade relativa, submetida a condicionantes que, além de restrições de linguagem, impõem limites próprios do modelo jurídico adotado pelo ordenamento: regras, institutos, normas, princípios, presunções, conceitos e noções.

> O mais alto grau de racionalidade atingido pelos ordenamentos jurídicos contemporâneos, que se seguiu à conquista das garantias constitucionais, importa na superação do critério de aplicação da justiça do tipo salomônico, inspirada apenas na sabedoria, no equilíbrio e nas qualidades individuais do julgador, ou na sensibilidade extremada do juiz, simbolizada pelo 'Fenômeno Magnaud'. Esse critério é substituído por uma técnica de aplicação do direito que se vincula a elementos não-subjetivos, a uma estrutura normativa que possibilita aos membros da sociedade, que vão a Juízo, contarem com a mesma segurança, no processo, quer estejam perante um juiz dotado de inteligência, cultura e sensibilidade invulgares, quer estejam diante de um juiz que não tenha sido agraciado com os mesmos predicados.[14]

No caso, o Estado brasileiro, como decorrência da sua estrutura democrática, impõe o respeito a direitos individuais, especialmente à liberdade ambulatorial e à dignidade da pessoa, seja através de limites probatórios ou critérios de decisão, v.g., vedação da utilização de provas ilícitas, presunção de inocência e o consequente

---

[14] GONÇALVES, Aroldo Plíno. *Técnica processual e teoria geral do* processo. Rio de Janeiro: Aide Editora, 1992. p. 45-46.

princípio *in dubio pro reo*, a coisa julgada, o *ne bis in idem*.

2.2.3 Impossibilidade Prática

Se já não fossem suficientes as restrições formais para inviabilizar as pretensões de alcance de uma verdade categórica no processo, a presença do ser humano como agente interventor no processo, carrega para o âmago do exercício jurisdicional as fragilidades inerentes à essência humana.

> Pois uma lei não se pode aplicar, manejar ou executar a si mesma; ela não se pode interpretar nem definir ou sancionar a si mesma; ela também não pode – sem deixar de ser uma norma – indicar ou nomear, ela mesma, as pessoas concretas que devem interpretá-la e manejá-la.[15]

Com respeito à impossibilidade prática, a cogitação de um modelo de apuração que ao sabor do vento, motivado pela vontade livre e desvinculada de preconceitos possa guiar a realização dos atos de poder da Jurisdição é uma hipótese cujo descabimento traz contornos de uma obviedade patente, mas que diante de uma prática que guarda distorções resistentes à superação do modelo processual de caráter inquisitorial, são necessárias algumas reflexões.

Em sua tarefa hermenêutica, o juiz se insere dentro da própria interpretação, com seus conceitos e "pré-conceitos", seus valores, seus sentimentos e, inclusive, com a sua imaginação que indistingue o verdadeiro do falso

---

15 SCHMITT, Carl. *Sobre os três tipos do pensamento jurídico*. Trad. Peter Naumann. In, MACEDO JR, Ronaldo Porto. *Carl Schmitt e a fundamentação do direito*. São Paulo: Max Limonad, sd. p. 171.

e motiva o seu detentor a persuadir as pessoas, menosprezar regras, atropelar formas e desprezar evidências. "A formulação na linguagem é tão inerente à opinião do intérprete, que em nenhum caso se torna objetiva para ele"[16].

> Não diríeis que esse magistrado, cuja velhice venerável impõe respeito a todo um povo, se governa por uma razão pura e sublime e que julga as coisas na sua natureza, sem se deter nessas vãs circunstâncias que só ferem a imaginação dos fracos. Vêde-o entrar, para assistir ao sermão com um zelo todo devoto reforçando a solidez da razão pelo ardor da caridade. Ei-lo pronto ao vir com respeito exemplar. Que o pregador apareça: se a natureza lhe deu uma voz rouquenha e uma fisionomia esquisita, se o barbeiro o barbeou mal, se, por acaso, ainda por cima, o lambuzou, por maiores que sejam as verdades que anuncia aposto na perda da gravidade no nosso senador.
>
> [...]
>
> Os nossos magistrados conheceram bem esse mistério. As suas togas vermelhas, os arminhos com que se enfaixam como gatos peludos, os palácios em que julgam, as flores de liz, todo esse aparato augusto era muito necessário: e, se os médicos não tivessem sotainas e galochas, e os doutores não usassem borla e capelo e túnicas, muito amplas de quatro partes, nunca teriam enganado o mundo, que não pôde resistir a essa vitrina tão autêntica. Se possuíssem a verdadeira justiça e se os médicos fossem senhores da verdadeira arte de curar, não teriam o que fazer da borla e do capelo; a majestade destas ciências seria bastante venerável por si própria. Como, porém, possuem apenas ciências imaginárias, precisam tomar esses instrumentos vãos que

---

16 GADAMER, Hans-Georg. *Verdade e método I: traços fundamentais de uma hermêutico* filosófica. 8. ed. Trad.Flávio Paulo Meurer. Petrópolis: Editora Vozes, 2007. p. 521.

> impressionam as imaginações com que lidam; e destarte, com efeito, atraem o respeito.[17]

A própria acepção da palavra sentença, deriva do verbo sentir, do italiano *sentire*, do latim *sentio* e reforça a ideia de transposição das concepções pessoais do aplicador da norma para a sua decisão.

> [...] é somente em aparência que o juiz se encontra eqüidistante de ambos aqueles grupos, na fronteira que separa o bom do mau. Invariavelmente, ele se inclui entre os bons; a legitimação de seu cargo repousa em grande parte no fato de ele pertencer indubitavelmente ao reino do bom, como se nele houvesse nascido.[18]

A exposição não mira desmoralizar a função judicante e muito menos os seus membros, mas, pelo contrário, ao desvelar a existência de um ser humano que precede o juiz, retira deste a carga sobre-humana que insistem alguns em dispor sobre seus ombros: exaltar os humildes, defender os fracos, perseguir os escroques, descobrir mentiras, reproduzir o fato ocorrido.

> A tentação populista se caracteriza, antes de mais nada, por sua pretensão a um acesso direto à verdade. (...) O populismo, com efeito, é uma política que pretende, por instinto e experiência, encarnar o sentimento profundo e real do povo. Esse contato direto do juiz com a opinião é proveniente, além disso, do aumento de descrédito do político. O juiz mantém o mito de uma verdade que se basta, que não precisa mais de mediação processual.[19]

---

17 PASCAL, Blaise. *Pensamentos*. Trad. Sérgio Millieit. 2. ed. São Paulo: Abril Cultura, 1979. p. 59-60.

18 CANETTI, Elias. op cit. p. 297.

19 GARAPON, Antonie. *O juiz e a* democracia: o guardião das promessas. Trad. Maria Luiza de Carvalho. Rio de Janeiro: Revan, 2001. p. 66.

Mas o juiz, enquanto membro da Jurisdição é inerte e depende de provocações, informações e comprovações que lhe conduzam para a prolação do provimento, ele não mantém contato direto com os fatos como tais, mas apenas com proposições relativas a fatos, com "representações cognoscitivas"[20].

Por essa razão, são inúmeras e imprevisíveis as interferências que contribuem para forjar a verdade no processo, desde a instrução pré-processual, através da redação dos boletins de ocorrência, dos depoimentos e do relatório do inquérito policial, passando pelas manifestações do acusado e da eventual vítima, pelas alegações do membro do Ministério Público e do advogado e incluindo a fala de testemunhas e o laudo de peritos, eventuais interesses pessoais dos potenciais afetados pela decisão e a empatia que guarde o agente que contribui ativamente no fornecimento de argumentos ou na produção de provas, ainda que no subconsciente, com a vítima ou com o acusado, os seus valores, as suas experiências de vida, as angústias e expectativas pessoais, terão repercussão concreta na formação da decisão jurisdicional, a partir de representações individuais em relação ao mesmo fato, objeto da apuração.

> E estas diversas representações, que podemos denominá-las imagens da verdade, diferem em geral, com frequência de forma não intranscendente, de sorte que todos os intervenientes são o cego da fábula, que tenta

[20] No original, *representaciones cognoscitivas. In,* IBÁÑEZ, Perfecto Andrés. *Acerca de la motivación de los hechos en la sentencia penal.* Edição Digital: Doxa, 1992. Cuadernos de Fisolofia del Derecho. p. 257-299. (Tradução libre).

distintas partes do corpo da espécie por eles desconhecida do elefante.[21]

A testemunha, ao presenciar o cometimento de um crime, especialmente em casos com imagens fortes, marcantes e traumatizadoras, experimentará a confluência de duas forças psíquicas. "Uma dessas forças baseia-se na importância da experiência como motivo para procurar lembrá-la, enquanto a outra força – a resistência – tenta impedir que tal preferência seja mostrada"[22]. A convivência dessas duas forças implicará em uma conciliação em que o produto que remanesce registrado como imagem não é o acontecimento relevante e nesse aspecto sobrepõe a resistência, mas "outro elemento psíquico intimamente associado ao elemento desagradável"[23] e agora percebe-se a marca da primeira força que permite a fixação de impressões importantes e reprodutíveis.

Como exemplo da imprevisão do produto aferido pela confluência das forças psíquicas, bastante ilustrativo é o caso de "[...] um professor de filologia, cuja lembrança mais antiga, situada entre os três e quatro anos, mostrava-lhe uma mesa posta para refeição e, sobre ela,

---

21 No original, *Y estas distintas representaciones, que podemos denominarlas imágenes de la verdad, difieren por lo general, con frecuencia de forma no intrascendente, de suerte que todos los intervinientes son el ciego de la fábula, que tienta distintas partes del cuerpo de la espécie para ellos desconocida del elefante*. GÖSSEL, Karl-Heinz. *En búsqueda de la verdad y la justicia.* Fundamentos del procedimiento penal estatal con especial referencia a aspectos jurídico-constitucionales y político-criminales. México: Editorial Porrúa, 2002. p. 61. Tradução livre.

22 FREUD, Sigmund. *Edição standard brasileira das obras psicológicas completas de Sigmund Freud.* Lembranças encobridoras. Trad. Jayme Salomão. Rio de Janeiro: Imago Editora, s.d. Vol. III (1893-1899). p. 337.

23 *Ibdem*. p. 337.

uma bacia com gelo. Na mesma época ocorreu a morte de sua avó, o que, de acordo com seus pais, foi um rude golpe para o garoto. Mas o atualmente professor de filologia não tem nenhuma recordação dessa perda; tudo de que ele se lembra daqueles dias é a bacia de gelo"[24].

O próprio modelo de colheita dos depoimentos, tanto na fase pré-processual quanto na fase judicial, em que se fala de vítimas, acusados e testemunhas têm as suas falas intermediadas por um terceiro, no caso, o delegado, no inquérito e o juiz na instrução processual que a reduzirão a escrito. Nesse método, o terceiro interventor que elaborará o relatório a partir das declarações, por maior capacidade que detenha para apreender os sentidos, as acepções e os sentimentos, ele construirá um texto orientado pela própria compreensão sobre o que foi dito.

> Na declaração se oculta com precisão metodológica o horizonte de sentido do que verdadeiramente se deve dizer. O que resta é o sentido 'puro' do que foi declarado. Isso é o que passa ao relatório. Mas enquanto reduzido assim à declaração, ele representa sempre um sentido já desfocado.
>
> Isso implica que quem relata o que foi dito e quem faz o relatório das declarações pode não desvirtuar conscientemente o que foi dito e, no entanto, o seu sentido é alterado. Mesmo quando se realiza a mais cotidiana das falas, se faz presente um traço essencial da reflexão especulativa, a saber, o caráter inconcebível do que é a reprodução mais pura do sentido.[25]

---

[24] *Ibdem*. p. 336.

[25] GADAMER, Hans-Georg. *Verdade e método I: traços fundamentais de uma hermêutico* filosófica. *op cit*. p. 605/606

Além disso, os juízes, quando tentam alcançar os episódios pretéritos através do depoimento de testemunhas, se tornam eles próprios testemunhas da oitiva das testemunhas, devendo delinear os fatos a partir do que ouvem e vêem.

> Agora, como testemunhas silenciosas das testemunhas, os juízes e jurados sofrem da mesma fraqueza humana que as outras testemunhas. Eles, também, não são placas fotográficas ou discos pornográficos. Se a testemunha depoente comete erros de observação, está sujeita a lapsos de memória, ou erros inventados, reconstrução imaginativa dos eventos que observou, no mesmo sentido as recordações dos juízes e jurados sobre o que a testemunha falou e como se comportou estão sujeitas a defeito.[26]

Adicione-se, ademais, que a instrução processual recepciona de forma ampla as desigualdades concretas e externas ao processo, desde fatores socioeconômicos e financeiros que permitem a contratação de um advogado mais experiente e especializado, mas que não necessariamente será o melhor, passando pela possibilidade de arrolamento de testemunhas que pertençam ao mesmo grupo social da parte (vítima ou acusado) e que, possivelmente terá maior desenvoltura para apresentar a sua versão e contratação de assistente técnico para a perícia.

---

[26] No original, *Now, as silent witnesses of the witnesses, the trial judges and juries suffer from the same human weaknesses as other witnesses. They, too, are not photographic plates or phonographic discs. If the testifying witnesses make errors of observation, are subject to lapses of memory, or contrive mistaken, imaginative reconstruction of events they observed, in the same way trial judges or juries are subject to defects in their recollection of what the witnesses said and how they behaved. In,* FRANK, Jerome. Courts on trial: myth and realism in American justice. Princeton: Princeton University, 1973. p. 22. (Tradução livre)

São inúmeras as interferências externas que agem na formação do provimento e não se faz aqui uma referência a ilicitudes ou faltas éticas, pois as intromissões, não necessariamente vinculadas à educação, cultura e ao patrimônio que a pessoa detenha, emergem por meios mais diversos, *v.g.*, a desenvoltura para falar, a aparência pessoal, a firmeza no olhar, a capacidade para mentir, a condição psíquica ou física da parte no dia da audiência para a sua oitiva.

A presença do contraditório implica na construção da instrução processual pelas partes "em condições de igualdade e de simetria"[27] potenciais, uma vez que a igualdade é concebida como igualdade de possibilidades.

Não há qualquer pretensão em compensar, através da estrutura processual, as desigualdades entre as partes geradas a partir de fatores individuais e externos ao processo, inclusive motivacionais, mas, por outro lado, a igualdade de oportunidades processuais não consiste, tão somente, em uma potencialidade abstrata, recorrente em algumas estruturas processuais, pelo contrário, trata-se de imperiosa necessidade de oferecimento de condições reais, no âmbito processual, para a realização do contraditório.

A obsessiva tentativa de alcançar na sentença a correspondência do fato ocorrido, obnublia a visão de seus iludidos e dedicados adeptos que, facilmente se agarram a todo meio que se apresente apto a investigar ou reproduzir o fato pretérito, especialmente àqueles revestidos de estofo científico, como sucede com as perícias em geral, mas em especial com o exame de DNA, sobre o qual paira uma venerada "quase perfeição".

---

[27] No original: *condizione de ugguaglianza ed simetria. In* FAZZALARI, Elio. *op cit.* p. 51. (Tradução livre).

A chancela da ciência proporciona uma confiabilidade e um grau de certeza tão intensos no imaginário popular que justificou a morte de tantas pessoas que, na contramão do pensamento científico da época, defenderam que a Terra era redonda, que o horizonte não era um precipício e que o Sol não girava em torno da Terra.

> É muito sedutor cultivar um campo ao qual a grande massa não tem acesso, aonde o brilho da erudição adquire sua máxima luminosidade e onde há segurança de que inclusive os resultados mais absurdos não podem ser postos em evidência pelo sentido comum.[28]

O terreno para a sedimentação do excepcional prestígio dos exames periciais recebe especial fomento em razão da vaidade do homem que, diante de números, fórmulas e gráficos, muitos de difícil entendimento, prefere admirá-los, ainda que incompreensíveis, e se integrar ao seleto grupo de sábios cientistas a reconhecer a sua ignorância.

Os métodos utilizados para análise do composto orgânico ácido desoxirribonucléico (DNA) têm percentual de exatidão de 99,999%, sendo, em geral, aceito pela comunidade científica.

Entretanto, a quase infalibilidade revelada pelo impressionante percentual é apenas do método, abstrato e idealizado, pois a percentagem de êxito do exame concreto é, diante das imprevisíveis interferências que

---

[28] No original, *Es demasiado seductor cultivar un campo al que la gran masa no tiene acceso, donde el brillo de la erudición adquiere su máxima luminosidad y donde hay seguridad de que inclusive los resultados más absurdos no pueden ser puestos en evidencia por el sentido común. In*, KIRCHMANN, Julio Germán Von. *El character a-científico de la llamada ciencia del derecho*. Trad. Werner Goldschmidt, 1949. p. 260. (Tradução livre)

comprometem o sucesso do referido teste laboratorial, muito mais complexa do que a singela, mas possível, fraude ou falta de lisura: troca de tubos, aparelhos contaminados com sangues de outras pessoas, erros na coleta, no armazenamento e no processamento das amostras de DNA, como sangues expostos ao sol, ao calor e à água, número deficiente de sondas, uso de dados estatísticos de países estrangeiros, desconexos com a realidade da miscigenação racial brasileira, dentre outros.

O "entorpecedor" percentual que de tão elevado acaba arredondado para 100% por muitos profissionais do Direito que simplesmente descartam quaisquer evidências contrárias ao exame de DNA, mesmo quando esse remanesce isolado na instrução, dentre os prejuízos, padece da inexorável participação de um ser humano na promoção do exame.

Assim, o responsável pela realização do teste de DNA é um ser, corajoso, negligente, leniente, misericordioso, vingativo, preguiçoso, virtuoso, corruptível, covarde, de mesma natureza daquele que presta o depoimento na condição de testemunha, não obstante alguns insensatos entusiastas considerarem que o perito, enquanto pessoa, detenha uma credibilidade maior, como se a sua ocupação profissional contaminasse a sua essência humana.

Mas não somente de ingênuos sobrevive o exame de DNA, pois o lucrativo filão é forte motivação para dedicados profissionais que se debruçam para defender a eficácia da prova pericial em análise e assegurar, dessa maneira, uma inesgotável e crescente reserva de mercado na seara jurisdicional.

> Calcula-se que, a cada ano, cerca de 350.000 pessoas façam algum tipo de exame genético nos Estados Unidos – a maioria delas, cerca de 300.000, testes de paternidade. A estimativa é que até o fim de 2009 esse segmento do mercado de exames laboratoriais movimente 12,5 bilhões de dólares.[29]

Sublinhe-se que conferir valor e abstrato diferenciado a um meio de prova que pesa contra o pólo passivo do processo penal, ao argumento do mesmo gozar de amparo científico, além de subversão do arcabouço normativo-constitucional do Estado, potencializa o risco de uma prova viciada prosperar na instrução processual.

> Parece então acertado sustentar a impossibilidade de que exista uma relação de identidade entre um determinado fenômeno probatório e o estandar de conhecimento requerido para a decisão final: em outras palavras, não há 'provas' que sejam tais em si e outras que representem somente 'indícios': há, simplesmente, 'elementos de prova' aos quais é reconhecida, ou negada, a capacidade de convalidar (ou refutar) uma hipótese, sobre a base de um critério racional oferecido ao consenso.[30]

Dentre os três critérios de valoração de prova: sistema de provas legais ou tarifadas, íntima convicção ou

---

29 TEICH, Daniel Hessel, COSTA, Melina. *Os negócios da vida. In*, http://portalexame.abril.com.br/revista/exame/edicoes/0919/negocios/m0160642.html, consulta realizada no dia 02/02/2009, às 23hs e 10 min.

30 No original, *Parece entonces acertado sostener la imposibilidad de que exista una relación de identidad entre un determinado fenómeno probatorio y el estándar de conocimiento requerido para la decisión final: en otras palabras, no hay 'pruebas' que sean tales en sí y otras que representen solamente 'indicios': hay, simplemente, 'elementos de prueba' a los cuales es reconocida, o negada, la capacidad de convalidar (o refutar) una hipótesis, sobre la base de un criterio racional ofrecido al consenso. In,* GUZMÁN, Nicolas. *op cit.* p. 14. Tradução livre.

convicção moral e livre convencimento motivado, o último e contemporaneamente adotado no ordenamento pátrio, confere um maior grau de segurança para a decisão, na medida em que o juiz analisa o conjunto probatório de maneira livre, permitindo-se, dessa forma, que o risco eventual comprometimento individual de meio de prova se dilua no conjunto de elementos amealhados na instrução. A escolha do juiz é livre, mas carece de fundamentação para não padecer de insuperável nulidade, característica que diferencia o sistema do livre convencimento motivado da íntima convicção e que reforça a segurança jurídica do provimento jurisdicional.

Conclui-se, ante o exposto, que o cerne dos óbices apresentados e que impedem a obtenção da verdade conforme preconizada pela teoria da correspondência: impossibilidade teórica, ideológica e prática, orbita em torno da concepção de verdade a que se vincula e não da impossibilidade de edificar alguma forma de verdade, postura esta que seria igualmente radical, mas diametralmente oposta à teoria da correspondência.

2.3 Verdade, Ciência do Direito e segurança jurídica

Depreende-se das lições doutrinárias que a elaboração do conceito da verdade real parte de uma contraposição à instrução processual civil e ao correlato princípio da verdade formal[31].

---

31 "... enquanto no processo civil em princípio o juiz pode satisfazer-se com a verdade formal (ou seja, aquilo que resulta ser verdadeiro em face das provas carreadas aos autos), no processo penal o juiz deve atender à averiguação e ao descobrimento da verdade real (ou verdade material), como fundamento da sentença." *In*, CINTRA, Antônio Carlos

Realmente, a instrução no processo penal difere da instrução no processo civil, uma vez que de todos os bens sancionáveis pelo ordenamento jurídico pátrio, a liberdade é o mais valioso e, como a privação da liberdade é a punição própria da seara criminal, por esta razão, a apuração da *res in judicio deducta* no processo penal goza de mais limites ao exercício da jurisdição que as demais áreas do Direito, além de oferecer aos figurantes do pólo passivo da relação processual os principais instrumentos de defesa.

Dentre os institutos específicos do processo penal, merece destaque para a presente reflexão a necessidade de comprovação das alegações articuladas pelas partes, como condição para o seu reconhecimento jurisdicional.

Assim, tanto a autoria e a materialidade quanto as teses defensivas de atipicidade do fato, excludentes de ilicitude, excludentes de culpabilidade ou qualquer outras devem estar amparadas por provas para que a sentença possa-lhes imprimir efeito concreto.

No entanto, o maior rigor da instrução processual penal frequentemente é, de maneira equivocada e temerária, correlacionado a uma suposta busca da verdade, sendo essa, não raro, definida como aquela que mais se aproxima da realidade, do fato ocorrido.

Devem-se evitar citações longas e literais, para não tornar enfadonha a leitura do texto e também para não truncar a exposição. Mas a clareza e a densidade com que explica a citação a diferença entre prova científica e prova matemática, justifica um tratamento excepcional.

---

de Araújo, GRINOVER, Ada Pellegrini, DINAMARCO, Cândido R. Teoria geral do processo. 13. ed. São Paulo: Malheiros, 1997. p. 66.

A história do Último Teorema de Firma gira em torno da busca por uma prova, ou demonstração perdida. Em matemática o conceito de prova é muito mais rigoroso e poderoso do que o que usamos em nosso dia-a-dia e até mesmo mais precioso do que o conceito de prova como entendido pelos físicos e químicos. A diferença entre prova científica e prova matemática é ao mesmo tempo sutil e profunda. Ela é crucial para que possamos entender o trabalho de cada matemático, desde Pitágoras.

A idéia da demonstração matemática clássica começa com uma série de axiomas, declarações que julgamos serem verdadeiras ou que são verdades evidentes. Então, através da argumentação lógica, passo a passo, é possível chegar a uma conclusão. Se os axiomas estiverem corretos e a lógica for impecável, então a conclusão será inegável. Esta conclusão é o teorema.

Os teoremas matemáticos dependem deste processo lógico, e uma vez demonstrados eles serão considerados verdade até o final dos tempos. A prova matemática é absoluta. Para apreciar o valor de tais provas, devemos compará-las com sua prima pobre, a prova científica. Na ciência apresenta-se uma hipótese para explicar um fenômeno físico. Se as observações do fenômeno são favoráveis à hipótese, então elas se tornam evidências a favor dela. Além disso, a hipótese não deve meramente descrever um fenômeno conhecido, mas também prever os resultados de outros fenômenos. Experiências podem ser feitas para testar a capacidade da hipótese em prever os resultados, e se o resultado for bem-sucedido teremos mais evidências para apoiar a hipótese. Por fim, a soma das evidências pode ser tão grande que a hipótese passará a ser aceita como teoria científica.

Contudo, uma teoria científica nunca pode ser provada do mesmo modo absoluto quanto um teorema matemático. Ela é meramente considerada como altamente

> provável, com base nas evidências disponíveis. A assim chamada prova científica depende da observação e da percepção, e ambas são falíveis, fornecendo somente aproximações em relação à verdade. Como disse certa vez Bertrand Russel: 'Embora isto possa parecer um paradoxo, toda a ciência exata é dominada pela idéia de aproximação'. Até mesma as 'provas' científicas mais aceitas contêm um pequeno elemento de dúvida dentro delas. Às vezes esta dúvida diminui, mas nunca desaparece completamente. E em outras ocasiões descobre-se que a prova estava errada. Esta fraqueza das provas científicas leva às revoluções na ciência, quando uma teoria que se considerava correta é substituída por outra, a qual pode ser meramente um aperfeiçoamento da teoria original, ou poder ser sua completa contradição.[32]

A confusão entre a existência de prova da materialidade e da autoria e esta demonstração caracterizar a reprodução do fato ocorrido, retrata uma postura análoga àquela empreendida no período em que os raciocínios jurídicos estavam impregnados por uma legitimação transcendental.

> A doutrina cristã, que transformou tão profundamente o mundo ocidental, devia, naturalmente, influir muito sobre o conceito de direito, que nela se encontra unido mais intimamente à vida religiosa e moral.[33]

---

32 SINGH, Simon. *O último teorema de Fermat*. 4. Ed. Trad. Jorge Luiz Calife. Rio de Janeiro: Record, 1999. P. 41-42.

33 *La doctrina cristiana; que ha transformado tan profundamente el mundo occidental, debía, naturalmente, influir mucho sobre el concepto del derecho, que en ella se encuentra unido más íntimamente a la vida religiosa y moral.* ROUBIER, Pablo. *Teoria general del derecho*. Trad. José M. Cajica Júnior. Puebla: Editorial José M. Cajica Jr., s.d. p. 127. Tradução livre.

O Direito que já esteve visceralmente amalgamado à moral e à religião, passou a estruturar um conhecimento próprio e distinto de outros saberes e adquiriu paulatinamente uma lógica própria, apesar de se verificar, ainda hoje, a remanescência de diversos vínculos, em geral prejudiciais, tanto com a moral quanto com a religião, especialmente a Católica.

A expressão Ciência do Direito é relativamente recente, sendo um ato de criação da Escola Histórica Alemã, no século XIX. No entanto, a discussão em torno da ciência jurídica remonta as teorizações romanas sobre o Direito, cujo objeto precípuo de análise era a práxis jurídica e, os qualificativos que a jurisprudência, enquanto atividade do jurista, recebia: *ars, disciplina, scientia ou notitia*, não deveriam ser tomados com muito rigor do ponto de vista de uma teoria da ciência, até porque os romanos não detinham a preocupação de definir a *jurisprudência* como ciência ou arte.[34] Mais tarde no século XI, surge em Bolonha a *littera Boloniensis*, uma resenha crítica dos Digestos justinianeus e que se tornou o texto escolar do *jus civile* europeu, considerada a referência do surgimento da Ciência européia do Direito.[35]

A partir do século XVI, os estudiosos do Direito passaram a nutrir uma preocupação com a falta de sistematicidade[36], característica própria das Ciências na Idade Moderna e o século XVII é o marco do elo entre ciência e pensamento sistemático[37], ligação esta cujo

---

[34] FERRAZ JÚNIOR, Tercio Sampaio. *A ciência do direito*. 2. ed. São Paulo: Atlas, 1986 .p. 18-19.

[35] *Ibdem*.p. 21.

[36] *Ibdem* .p. 22.

[37] *Ibdem*. p. 23.

incremento prossegue nos estudos da escola histórica, do positivismo e até nas discussões jurídico-científicas contemporâneas.

A condição de ciência ou ciência normal[38] que se outorga a um saber caminha visceralmente atrelada ao estabelecimento de métodos e regras para o enfrentamento dos problemas acessíveis a uma determinada tradição de pesquisa.

A ciência normal obtém resultados que contribuem para o incremento do alcance e da precisão de aplicação do paradigma[39], sendo que esse estabelece um critério para a escolha de problemas os quais serão

---

[38] A expressão "ciência normal" [...] significa *pesquisa firmemente baseada em uma ou mais realizações científicas passada, realizaçõesque alguma comunidade científica específica reconhece durante algum tempo, proporcionando os fundamentos para sua prática posterior.* No original, [...] means research firmly based upon one or more past scientific achievements, achievements that some particular scientific community acknowledges for a time as supplying the foundation for its further practice. KUHN, Thomas S. *The estructure of scientific revolutions.* 2. ed. International Encyclopedia of Unified Science. Chicago: The University of Chicago Press, 1962. Vol 2, número 2. p. 10. (Tradução livre).

[39] Encerrada a investigação histórica cuidadosa de uma determinada especialidade num determinado momento revela um cojunto de ilustrações recorrentes e quase padronizadas de diferentes teorias na suas aplicações conceituais, na observação e na aplicação instrumental. Essas são os paradigmas da comunidade, revelados nos seus manuais, conferências e exercícios de laboratório. No original, Close historical investigatio of a given specialty at a given time discloses a set of recurrent and quasi-standard illustrations of various theories in their conceptual, observational, and instrumental applications. These are the community's paradigms, revealed in its textbooks, lectures, and laboratory exercises. *Ibdem.* p. 43. (Tradução livre).

passíveis de uma possível solução enquanto o paradigma for aceito[40].

Os problemas da ciência normal guardam um paralelismo com um jogo de quebra-cabeças, especialmente pelo desprendimento de um resultado "[...] intrinsecamente interessante ou importante"[41] e pela preocupação em obedecer "[...] a regras que limitam tanto a natureza das soluções aceitáveis como os passos pelas quais elas serão obtidas"[42].

> Solucionar um jogo de quebra-cabeça não é, por exemplo, simplesmente 'montar um quadro'. Qualquer criança ou artista contemporâneo poderia fazer isso, espalhando peças selecionadas sobre um fundo neutro, como se fossem formas abstratas. O quadro assim produzido pode ser bem melhor (e certamente seria mais original) que aquele construído a partir do quebra-cabeça. Não obstante isso, tal quadro não seria uma solução. Para que isso aconteça todas as peças devem ser utilizadas (o lado liso deve ficar para baixo) e entrelaçadas de tal modo que não fiquem espaços vazios entre elas.[43]

---

40 A idéia de que a Ciência do Direito deve ser compreendida como um processo especial de discussão de problemas é sustentada por diversos autores, v.g. VIEHWEG, Theodor. *Tópica e jurisprudência*. Trad. Tércio Sampaio Ferraz Júnior. Brasília: Imprensa Nacional, 1979; CORDEIRO, António Menezes. *Introdução ao direito da prestação de contas*. Lisboa: Almedina, 2008.

41 [...] *intrinsically interesting or important*. KUHN, Thomas S. *op cit*. p. 36. (Tradução livre).

42 [...] rules that limit both the nature of acceptable solutions and the steps by which they are to be obtained. *Ibdem*. p. 38. (Tradução livre).

43 *To solve a jigsaw puzzle is not, for example, merely "to make a picture." Either a child or a contemporary artist could do that by scattering selected pieces, as abstract shapes, upon some neutral ground. The picture thus produced might be far better, and would certainly be more original, than the one from which the puzzle had been made. Nevertheless, such a*

Dentre as funções dos modelos teóricos[44] da Ciência Jurídica sobressai a função heurística, à qual se mantêm coordenadas as funções organizatória, avaliativa e de previsão.[45]

A função heurística "possibilita-nos a descoberta de algo relevante, cria-nos condições para orientar as nossas expectativas do que poderá ou deverá ser relevante"[46].

A função heurística está ligada à invenção e construção de hipóteses, tendo em vista a descoberta de novos fatos e situações. Isso esclarece o sentido geral da teoria jurídica, que consiste em criar condições para que certos conflitos sejam decididos com o mínimo de perturbação social possível.

As repercussões da vinculação da produção do conhecimento jurídico a regras que limitem resultados e vinculem as suas formas de obtenção transcendem a simples discussão em torno da possibilidade do Direito adquirir a condição de Ciência, pois a verdade ou a sua busca, independentemente de sua adjetivação: real, substancial, material, histórica, processual, etc., detém uma imprecisão do significado que não lhe confere a segurança e a previsibilidade necessárias e muitas vezes, se

---

picture would not be a solution. To achieve that all the pieces must be used, their plain sides must be turned down, and they must be interlocked without forcing until no holes remain. Ibdem. p. 38. (Tradução livre).

44 "Na ciência, em geral, trabalhamos com os dois modelos, que Bunge chama de 'objeto-modelo' (primeiro sentido) e 'modelo teórico' (segundo sentido). O primeiro é um esquema de relevâncias observáveis e verificáveis. O segundo é sempre um esboço hipotético de coisas e fatos supostamente reais." FERRAZ JÚNIOR, Tercio Sampaio. o*p cit* .p. 105.

45 *Ibdem.*

46 *Ibdem.*

abrem para acepções variadas, imprecisas e próprias da linguagem leiga[47] e que não condizem com o conteúdo técnico próprio da área jurídica.

A previsibilidade não deve ser confundida com uma redoma que impede o ordenamento de evoluir, ousar, encontrar melhores perspectivas e acompanhar o avanço e a evolução da sociedade, mas muito pelo contrário, é expressão de garantia e catalisa a evolução do sistema jurídico e o aperfeiçoamento do estado de direito, pois representa um limite à arbitrariedade e à pessoalidade.

A palavra verdade como outras palavras de nossa linguagem cotidiana, certamente não está isenta de ambiguidade e, diante da multiplicidade semântica, permite inúmeras representações concretas de suas significações, inclusive vinculadas a concepções subjetivas, já que todo leitor, de maneira mais ou menos intensa, possui uma noção intuitiva do conceito de verdade.

A própria filosofia apresenta inúmeras teorias passíveis de serem aplicadas à discusão da verdade no processo penal: além da teoria da correspondência, apreciada no tópico 3.1, existem, dentre outras, teorias pragmatistas[48],

---

47 Gramaticalmente, verdade é uma palavra que traduz certeza, reproduz realidade.
"ver.da.de *s.f.* 1 o que está de acordo com o real; exatidão." HOUAISS*:* dicionário da língua portuguesa. 2. ed. Rio de Janeiro: Instituto Antônio Houaiss, 2004. p. 756.

48 Pierce, James e Dewey oferecem explicações característicamente 'pragmáticas' da verdade, que combinam elementos de coerência e de correspondencia.
A verdade é o objetivo da investigação e consiste na opinião sobre a qual os aplicadores do método científico concodam.
A investigação é motivada pela dúvida, um estado desagradável que se procura substituir por uma crença estabelecida.

coerentistas[49], semântica[50] e teorias da linguagem, sendo que estas últimas ainda apresentam significativas variações.

Cumpre, dessa maneira, estabelecer um método para a aferição da verdade no processo penal claro e com correção formal condizente com a estrutura democrática do Estado, com as limitações intrínsecas ao Estado de Direito, com o arcabouço de garantias e direitos individuais e com seu significado e sua intenção geral claros e compreensíveis.

Tarefa imperiosa é a fixação de um critério de verdade atrelado à natureza jurídica do Estado brasileiro e que passe a constituir o objetivo do processo penal, atrelando-o à expressão verdade e, dessa forma, restringindo a possibilidade de compreensões pessoais e imprevisíveis em torno do alcance e da significação do brocardo *verdade*.

Não se renuncia ao valor verdade, indispensável para a prolação de uma sentença, mas a ideia de um silogismo judicial perfeito, apto a verificar de maneira cabal os fatos legalmente puníveis, corresponde a uma ilusão metafísica.[51]

---

49 A teoria da coerência, sustentada pelos idealistas, e para a presente tese, toma-se por referência o estudo empreendido por Bradley e acolhido por Neurath. é a que postula que a verdade consiste nas relações de coerência entre um conjunto de crenças. Nesta teoria, uma certa relação de coerência se supõe dada ou definida entre as crenças, sendo esta relação simétrica e transitiva, de maneira tal que o campo de coerência forma um único grupo de crenças que são chamadas "verdadeiras", enquantos que outras crenças são chamadas "falsas".

50 A teoria semântica mantém uma reminiscência com a teoria da correspondência, pois sustenta a idéia metafísica da existência de uma correspondência ontológica entre linguagem e realidade.

51 FERRAJOLI. Luigi. o*p cit*. p. 33.

> Isto não quer dizer que o processo penal tenha que renunciar, por princípio e desde um princípio, à busca da verdade material entendida em seu sentido clássico como *adecuatio rei et intellectu*, senão somente que tem que temperar essa meta às limitações que se derivam não apenas das próprias leis do conhecimento, senão dos direitos fundamentais reconhecidos na Constituição e das normas, formalidades e 'impurezas' do processo penal.[52]

Em outras palavras, que a construção da verdade ocorre no processo penal é uma conclusão irrefutável. No entanto, a pluralidade de concepções e noções que envolvem o termo verdade, um predicado metalinguístico, comprometem a segurança jurídica, especialmente no que tange o exercício jurisdicional. Por essa razão, uma vez identificada uma corrente filosófica apta a oferecer um conceito de verdade condizente com os pilares do Estado brasileiro, tal teoria filosófica servirá de alicerce para a formulação de um critério de verdade que se tornará o objetivo do processo penal.

2.4 ASPECTOS GERAIS DA FILOSOFIA DA LINGUAGEM SOB A ÓTICA DE GADAMER

A tradicional distinção entre verdade real e verdade formal, contemporaneamente, perdeu a sua relevância em razão dos institutos, limites e garantias próprios do

---

[52] *Esto no quiere decir que el proceso penal tenga que renunciar, por principio y desde un principio, a la búsqueda de la verdad material entendida en su sentido clássico como adecuatio rei et intellectu, sino solamente que tiene que atemperar esa meta a las limitaciones que se derivan no sólo de las propias leyes del conocimiento, sino de los derechos fundamentales reconocidos en la Constitución y de las normas, formalidades e 'impurezas' del proceso penal. MUÑOZ* CONDE, Francisco. *Búsqueda de la verdad en el proceso penal.* Buenos Aires: Hammurabi, 2000. p. 97. Tradução livre.

processo penal, agregados aos níveis que galgou a discussão epistemológica e hoje, somente há espaço para se conceberem verdades relativas.

Certo é que no âmbito filosófico, qualquer pesquisa sobre a verdade representa um caminhar em terreno instável, pois frequentes são as novas interpretações, os novos pontos de vista e as novas teorias que cuidam da matéria.

Dentro desse contexto, seguramente a escolha da corrente filosófica analisada e dos textos e autores utilizados para explicá-la e descrevê-la contou com certo grau de arbitrariedade.

Assim, a transposição da densa e complexa discussão das teorias da verdade para o processo penal se, por um lado agrega elementos importantes para a construção dos argumentos jurídicos, por outro torna patente a limitação dos resultados eventualmente alcançados.

Cumpre ressaltar que a presente análise não visa excluir a verdade da condição de objetivo do processo penal, mas apenas excluir a expressão "verdade" e substituí-la, enquanto expressão por um conteúdo filosófico que a defina e que seja adequado à atual natureza jurídica do Estado pátrio.

Ressalte-se que o simples oferecimento de um conteúdo à verdade processual, sem a exclusão da expressão verdade como objetivo do exercício jurisdicional, permite a manutenção de uma estrutura aberta à pessoalidade em que cada aplicador da norma adequará o termo à sua concepção de verdade e dessa forma, não se promoverá alteração alguma.

Gadamer, assim como outros filósofos, trabalha a verdade a partir de sua construção pela linguagem, considerada, para o autor, "o *midium* universal em que se realiza a própria compreensão"[53].

Dentro desse entrecho, a cada utilização de uma linguagem opera-se o surgimento de uma verdade peculiar e se revela algo concebido a partir de então.

A tradução é bastante explorada por Gadamer como metonímia para a compreensão das múltiplas circunstâncias que envolvem toda e qualquer interpretação de uma literalidade originária. "A tradução é sempre a consumação da interpretação que o tradutor deu à palavra que lhe foi proposta"[54]. E, "como toda interpretação, a tradução implica uma reiluminação"[55].

A tradução projeta sobre o texto um olhar diverso e novo e, por mais que o tradutor absorva os ideais, sentimentos e objetivos do autor, a sua tarefa inaugura uma reconstrução do texto orientada pela compreensão pessoal e individual do que nele há.

Acresça-se que em uma tradução, a "diferença fundamental entre as línguas"[56], prejudica consideravelmente qualquer compromisso de fidelidade e impõe ao tradutor, resoluções e escolhas difíceis: o relevo que se imprimir a um determinado aspecto considerado relevante no original implica em correspondente menosprezo ou exclusão de outros pontos, sendo que a importância aferida em determinado fragmento do texto é fruto exclusivo da compreensão do tradutor.

---

53 GADAMER, Hans-Georg. *Verdade e método I: traços fundamentais de uma hermêutico* filosófica. *op cit.* p. 503.

54 *Ibdem.* p. 498.

55 *Ibdem.* p. 500.

56 *Ibdem.*

O tradutor é sempre um intérprete e, nas hipóteses em que a tradução for imprescindível, apesar do esforço sempre necessário em superar o abismo entre o "espírito da literalidade originária do que é dito e sua reprodução"[57], a impossibilidade de plena superação permanece como resultado inexorável.

A distância entre a linguagem do original e a de seu tradutor é uma questão de primeira ordem, pois "os problemas da expressão de linguagem já são, na realidade, problemas de compreensão"[58]. Por essa razão, a dependência de uma tradução consiste em hipótese extrema em que se "reduplica o processo hermenêutico, a conversação: é a conversa do intérprete com o outro e nossa própria conversa com o intérprete"[59].

Importante frisar que a conversação é um processo de acordo que pressupõe que seus membros falem uma mesma língua.

> Toda verdadeira conversação implica nossa reação frente ao outro, implica deixar realmente espaço para seus pontos de vista e colocar-se no seu lugar, não no sentido de querer compreendê-lo como essa individualidade, mas compreender aquilo que ele diz. Importa respeitar o direito objetivo de sua opinião, a fim de podermos chegar a um acordo em relação ao assunto em questão.[60]

O acordo na conversação implica que os interlocutores estejam dispostos a recepcionar o diverso e quando cada um dos participantes da conversação considere e avalie as razões um do outro, sem abandonar os seus

---

[57] *Ibdem*. p. 498.
[58] *Ibdem*. p. 503.
[59] *Ibdem*. p. 499.
[60] *Ibdem*. p. 498.

próprios argumentos e, através de um recíproco "intercâmbio de opiniões"[61], viabiliza-se alcançar uma linguagem e uma decisão comuns.

A partir do entrecho delineado, a elaboração de uma linguagem comum, meio de realização da compreensão na conversação real, permite, igualmente, edificar uma "conversação hermenêutica"[62].

Para o desempenho da tarefa hermenêutica é imprescindível uma decifração, que se presume adequada, mas o correto entendimento e a adequada visão de um conjunto de signos somente ocorrem quando se consegue "reconverter o texto em linguagem"[63].

Frise-se que o problema hermenêutico está além do simples domínio da língua e diz respeito ao acordo sobre um argumento específico, que se ocorre no *medium* da linguagem.[64]

Já a compreensão de um texto, muito distinta da ilusória reconstrução histórica das ideias originais que lhe deram forma, implica na remodelação do sentido do texto impregnada com os pensamentos do próprio intérprete que se tornam determinantes como um novo ingrediente que se agrega para auxiliar na verdadeira apreensão do conteúdo do texto. Essa "fusão de horizontes"[65] do autor do texto e do intérprete permite a realização da conversação, graças à qual se alcança "uma

---

61 *Ibdem*. p. 501.

62 *Ibdem*. p. 502.

63 *Ibdem*. p. 506.

64 GADAMER, Hans-Georg. *Verdade e método*: traços fundamentais de uma hermenêutica filosófica. 3. ed. Trad. Enio Paulo Giachini. Petrópolis: Vozes, 2002. p. 561.

65 GADAMER, Hans-Georg. *Verdade e método I: traços fundamentais de uma hermêutico* filosófica. *op cit*. p. 503

'coisa' que não é somente minha ou de meu autor, mas uma coisa comum a ambos"[66].

O conceito de fusão de horizontes consiste em grande contribuição de Gadamer para a edificação de um pensamento compreensivo e representa a síntese de dois instantes culturais distintos: o momento do intérprete, carregado com os seus preconceitos e o momento do texto interpretado. Na fusão de horizontes "[...] fundam-se, antes, os horizontes do passado e do presente num constante movimento, como o que constitui a essência da compreensão"[67].

A escrita detém importância central para o fenômeno hermenêutico, já que permite que o texto assuma uma existência autônoma das contingências que são inerentes à sua criação, avulsa das circunstâncias próprias de sua gênese, de seu autor e da opinião do leitor originário e com isso, adquira uma condição de perenidade e oportunize a participação de toda e qualquer pessoa em condições de ler.

"Todo escrito é uma espécie de fala alienada."[68] O leitor construirá um sentido exclusivo a partir da idealidade plena, ou seja, da literalidade dos signos escritos, sem os recursos inerentes à palavra falada: *v.g.* entonação, cadência, maneira de falar, contexto em que se pronuncia.

Partindo-se da concepção de que a interpretação traz o texto à fala, trata-se de pressuposto indeclinável a necessidade da comunhão de linguagens entre o texto e o seu leitor.

---

66 *Ibdem.*

67 GADAMER, Hans-Georg. *Verdade e método II.* Petrópolis: Vozes. p. 508.

68 GADAMER, Hans-Georg. *Verdade e método I: traços fundamentais de uma hermêutico* filosófica. *op cit.* p. 509.

A nova conversão dos signos revela "o verdadeiro sentido hermenêutico"[69], na medida em que motiva o leitor a se movimentar produtivamente e o conduz a repensar o já pensado. Assim, o novo ponto de vista alcançado, absolutamente desvinculado do autor do texto, oferece para o leitor que compreende a possibilidade de defender uma pretensão de verdade própria. "Justamente por isso, o leitor experimentou a validez daquilo que lhe fala e daquilo que ele compreende. O que ele compreendeu é sempre mais do que uma opinião estranha, já é sempre uma possível verdade."[70]

A compreensão revela seu papel para a construção da verdade de maneira mais evidente quando constatada a fragilidade de todo escrito e, a este respeito, Gadamer recorre a um exemplo de Platão no qual enfatiza a precariedade do escrito, na medida em que esse se coloca à mercê de equívocos, ignorâncias, manipulações e deturpações.

> Platão considerava que o desamparo da escrita representava uma debilidade muito maior do que aquela que afeta os discursos (*to asthenes tón logón*). E quando ele requisita a ajuda da dialética para compensar essa debilidade, declarando ao contrário que o caso da escrita não tem saída, isso não passa de um exagero irônico pelo qual procura dissimular sua própria obra literária e sua própria arte. Na verdade, com a escrita ocorre o mesmo que com a fala.[71]

Tradicionalmente e principalmente entre pessoas pouco afeitas à leitura, o escrito costuma gozar de exacerbado e desvirtuado prestígio que, não raro, lhe confere a

---

69 *Ibdem.*

70 *Ibdem.* p. 510.

71 *Ibdem.* p. 508.

presunção de verdadeiro, como se a condição de documento escrito por si só chancelasse o seu conteúdo.

A compreensão do texto consiste na apropriação daquilo que foi dito e, mesmo se o texto for compreendido de uma forma diferente por cada pessoa, ele continua sendo o mesmo conjunto de signos originalmente elaborado.

A partir do contexto delineado, a concepção da palavra afasta-se do modelo medieval forjado como condição de perfeição da espécie:

> Se o ente se representa no espírito pensante, isso não é a cópia de uma ordenação prévia do ser, cujas verdadeiras relações estão diante dos olhos de um espírito infinito (o espírito do criador).[72]

Ademais, a compreensão da palavra igualmente rompe com o molde forjado pelo positivismo[73], a partir do qual lhe tentaram impor uma imutável exatidão de significado, própria da linguagem matemática e, dessa forma, confinar a linguagem a um conjunto de entes objetivados.

A pessoa imersa em determinado idioma introjeta a correlação entre as palavras que utiliza e aquilo a que se aludem e, para ele, a palavra detém tamanha justaposição com a coisa referida que parece inexistir outra representação além daquela apta a refletir o seu significado.

> Apesar de toda diversidade das maneiras de falar, procuramos reter a unidade indissolúvel de pensamento e

---

[72] *Ibdem*. p. 590.

[73] O Positivismo é uma corrente teórica que defende a idéia de que o saber científico é o único conhecimento autêntico. Esta escola apresenta uma crítica à filosofia tradicional, principalmente, à metafísica, considerando que a filosofia também deve ser científica. *In* MORATÓ, Jordi Cortés, RIU, Antoni Martínez. *Diccionario de filosofia Herder*. Barcelona: Herder, 1997.

> linguagem tal como a encontramos no fenômeno hermenêutico como unidade de compreensão e interpretação.[74]

Contemporaneamente, urge que se assuma a unidade entre a forma de linguagem e o conteúdo da tradição como elementos indissociáveis na tarefa hermenêutica e, assim, as concepções de uma palavra e, especialmente o significado de uma palavra inserida em um texto sofre interferência direta da essência histórico-finita do homem, pois "o intérprete não se serve das palavras e dos conceitos como o artesão que apanha e deixa de lado suas ferramentas"[75].

A formação da linguagem carrega um rastro da finitude dos conceitos e concepções que lhe agregaram sentido e que permitem a transmissão da tradição às diversas gerações e, concomitantemente, a perspectiva de desenvolvimento presente e futuro pela linguagem projeta uma infinitude de experiências de mundo por virem à fala.

Por essa razão, a verdade da tradição é ouvinte atenta, permanentemente aberta aos sentidos, percepções, assumindo tudo aquilo que lhe chega, sem exclusões *a priori*, posto que o modo de ser da tradição é linguagem e quem interpreta um texto e o traz à fala estabelece uma comunicação entre presente e tradição e executa uma experiência hermenêutica de maneira autêntica, já que a linguagem constitui o verdadeiro acontecer hermenêutico. Esse acontecer é, ao mesmo tempo, apropriação e criação.

---

[74] GADAMER, Hans-Georg. *Verdade e método I: traços fundamentais de uma hermêutico* filosófica. *op cit.* p. 521.

[75] *Ibdem.* p. 522.

Cumpre destacar que a construção da verdade a partir da linguagem distancia da concepção dialética metafísica de Platão[76] e mesmo de Hegel[77], considerada "[...] a arte de conduzir uma conversação e, sobretudo, a arte de descobrir a inadequação das opiniões que dominam uma pessoa, formulando conseqüentemente perguntas e mais perguntas. A dialética é aqui, portanto, negativa, ela confunde as opiniões"[78] .

O método aqui adotado, muito pelo contrário de pretender se liberar do poder da linguagem, desenvolve-se a partir do meio linguagem e, "[...] a palavra que alcança o sentido do texto na interpretação não faz senão trazer à linguagem o conjunto desse sentido, portanto, permite que uma infinitude de sentido em si ganhe uma representação finita"[79].

A própria linguagem detém algo de especulativo, pois enquanto meio de ligação entre o eu e o mundo, a linguagem se apresenta como um acontecer finito, orientado em direção ao infinito, já que aquilo que vem à fala se emancipa da opinião e da vivência subjetiva do autor.

A estrutura especulativa da linguagem demonstra o seu "significado ontológico universal"[80] e permite que o texto venha à fala por indefinidas vezes, sendo que o vir

---

76 No tocante ao caráter de ser verdadeiro, a metafísica tradicional o considera próprio do ente, vinculado à determinação transcedental e relacionado ao ser bom e consequentemente ao ser belo p. 627, como se a questão da verdade pudesse ser decidida de antemão através de um conhecimento superior sobre o objeto de análise.

77 GADAMER, Hans-Georg. *Verdade e método I: traços fundamentais de uma hermêutico* filosófica. *op cit.* p. 601

78 *Ibdem.* p. 599.

79 *Ibdem.* p. 600-601.

80 *Ibdem.* p. 613.

à fala não representa uma segunda existência, porque há uma unidade especulativa entre ser em si e se representar: "o aspecto sob o qual algo se apresenta faz parte de seu próprio ser"[81].

Na tarefa de estabelecer o significado da verdade, Gadamer lança mão, ainda, do conceito de jogo, não um jogo com a linguagem ou com os conteúdos da tradição, da experiência e dos sentidos, mero instrumento de manipulação consciente através da comunicação, mas um jogo da própria linguagem, *v.g.*, o peso daquilo que se apresenta para a compreensão que, como um processo de linguagem, consiste em jogo com as palavras, como também a maneira como se apreende os conteúdos de realidade. Trata-se, *do* "jogo da própria linguagem que nos interpela, propõe e se recolhe, que pergunta e que se consuma a si mesmo na resposta"[82].

> Nem verdadeiramente produto do acaso, da estrutura ou da vontade do jogador, o jogo é um espaço potencial de criatividade a qual traduz o efeito de intencionalidade dos jogadores sobre a rigidez das convenções; inversamente, como campo de regulação, ele reflete desvios de vontade (*les inflechissement des volontés*) sob a ação de normas coletivas em boa medida indomáveis (*pour une bonne part non maîtrisables*).[83]

Nesse jogo de compreensão, o intérprete não ocupa uma posição marginalizada, "[...] como jogador na reserva, abstendo-se de tomar uma posição que o ligue

---

[81] *Ibdem.*

[82] *Ibdem.* p. 631.

[83] OST, Françoi, Kerchove, Michel van de (Coord.) *Le jeu: un paradigm pour le droit.* Paris: LGDJ, 1992. p. 259, *apud* LOPES, Mônica Sette. *O jogo: um paradigma para a execução.* Separata. Revista Trabalhista. Vol. 1. p. 160.

às pretensões que lhe são colocadas"[84] e nem tampouco a postura do jogador deva ser compreendida como um comportamento da subjetividade. Aquele que compreende um texto passa a integrar o jogo: agrega suas concepções que serão incorporadas à tradição e na medida em que se compreende o sentido da tradição, passa o intérprete a se inserir em um acontecer da verdade.

2.5 A OBTENÇÃO DA VERDADE NAS CIÊNCIAS HISTÓRICAS SOB A ÓTICA DA TEORIA DA LINGUAGEM EM GADAMER

A construção da verdade através da linguagem tem especial repercussão para o estudo das ciências histórias, as quais oferecem um manancial inesgotável de oportunidades para questionamentos e até suspeitas de seus enunciados, uma vez que a formação do argumento pelo historiador eclode da escolha de conceitos com os quais se promoverá a descrição do objeto a ser analisado, sem a exposição expressa da motivação, justificação ou origem.

> Ele segue unicamente seu interesse objetivo e não se dá conta de que a apropriação descritiva que ele encontra nos conceitos que escolhe pode ser altamente desastrosa para sua própria intenção, na medida em que o que equipara o que é historicamente estranho com o que lhe é familiar, e assim, mesmo sem ter a menor pretensão, submete a alteridade do objeto aos próprios conceitos prévios. Assim, apesar de toda metodologia científica, ele comporta-se da mesma maneira que todo aquele que, filho do seu tempo, é dominado acriticamente pelos conceitos prévios e pelos preconceitos do seu próprio tempo.[85]

---

84 *Ibdem.*

85 GADAMER, Hans-Georg. *Verdade e método I: traços fundamentais de uma hermêutico* filosófica. *op cit.* p. 512-513.

Torna-se imperioso que a pessoa, ao promover uma investigação histórica, assuma os prejuízos advindos da parcialidade de sua formação pessoal e das conjecturas próprias do momento em que se insere e reconheça que tais perdas são inerentes ao seu estudo, sob pena de comprometer, decisivamente, os resultados de suas pesquisas e reflexões.

> **Futuros Amantes**
> *Chico Buarque*
>
> 1994
>
> [...]
> E quem sabe, então
> O Rio será
> Alguma cidade submersa
> Os escafandristas virão
> Explorar sua casa
> Seu quarto, suas coisas
> Sua alma, desvãos
> **Sábios em vão**
> **Tentarão decifrar**
> **O eco de antigas palavras**
> **Fragmentos de cartas, poemas**
> **Mentiras, retratos**
> **Vestígios de estranha civilização**
> [...] (grifo nosso)

Merece relevo o fato de que o trabalho científico foi decisivamente comprometido quando o pesquisador, consciente das influências advindas do fragmento histórico de realidade em que se insere, ao visar uma compreensão histórica legítima, tenta abdicar dos próprios conceitos e assumir como referências exclusivas as concepções próprias do período objeto de análise.

A postura delineada no parágrafo anterior que, em princípio, chega a cativar um leitor sem malícia, inebriado com aquela que inicialmente se ergue como fórmula para a autêntica e verdadeira investigação histórica, revela-se uma "ilusão ingênua"[86].

Frise-se que mesmo ciente da impossibilidade de abandonar as suas experiências e concepções, o intérprete, na medida do razoável, deve sempre nutrir o ideal de incorporar os conceitos da época, assim como, no exercício da Jurisdição, a busca da justiça e da verdade dos fatos deve sempre iluminar a mente dos profissionais do Direito, como diretriz ética a ser seguida, sem o jogador jamais confundir a idealidade com uma transferência ingênua para o passado.

Dessa forma, o juiz ao invés de desempenhar o "papel de um xamã ou de um sacerdote encarregado de fazer justiça a qualquer custo, tornou-se um pessoa mais comprometida com os valores éticos da pessoa humana e a necessidade de sua preservação"[87].

A consciência histórica implica na compreensão de cada momento histórico a partir dos conceitos prévios e, dessa maneira, ao afastar as noções do presente para investigar as concepções do passado, o intérprete o faz dentro de limites possíveis e, por isso, deve sempre manter a consciência de que a interferência das informações, experiências e sentimentos que lhe estão introjetados, forjam a sua visão de mundo, conduzem as suas compreensões e, até mesmo, lhe conferem a motivação.

---

[86] *Ibdem*. p. 513.

[87] SUANNES, Adauto. *Os fundamentos éticos do devido processo penal*. 2. ed. São Paulo: Revista dos Tribunais, 2004. p. 69.

Por essa razão, o pensar historicamente consiste na construção de um conhecimento produto da harmonização dos conceitos do passado com as ideias próprias do investigador. Jamais a interpretação será correta em si, uma vez que o pensamento sobre um texto "deve acomodar-se à situação hermenêutica a que pertence"[88].

Tentar promover a análise histórica avulsa dos conceitos do intérprete é absolutamente impossível e um "absurdo evidente"[89], trata-se de tentativa vã e sem termo, inconciliável com as características intrínsecas do ser humano.

Todas as operações mentais realizadas por uma pessoa são condicionadas por suas concepções pessoais, até mesmo o esforço sem termo de desprendimento das noções próprias está cingido pelos mesmos conceitos, na medida em que o arcabouço de informações, experiências e sentimentos que integralizam a formação do ser humano condicionam todos os juízos e todas as operações mentais realizadas.

Assim, pensar historicamente implica em lançar o olhar para os conceitos do passado e implementar uma mediação entre aqueles conceitos e o pensar do intérprete[90], para assim, vivificar a opinião pessoal sobre o texto.

A experiência hermenêutica se constrói a partir do processo em que a linguagem acontece e traz à fala a tradição. Os elementos que formam o conhecimento histórico de uma pessoa, seja o sentido de um evento ou a acepção de um texto, não são simples pontos de

---

88 GADAMER, Hans-Georg. *Verdade e método I: traços fundamentais de uma hermêutico* filosófica. *op cit.* p. 514.

89 *Ibdem.* p. 514.

90 *Ibdem.*

constatação estáticos que existem em si e que devam ser simplesmente constatados, pois a percepção dos elementos avança além da sua concretude inicial e, através da linguagem, promove compreensões finitas, geradas a cada operação hermenêutica, fruto da essência igualmente finita de cada intelecto.

Infelizmente, o brasileiro e mesmo os cidadãos da maior parte das nações do mundo não têm a oportunidade de experimentar uma legítima construção do saber histórico e, em geral, recebem uma história planificada, modelada com uma exatidão passível de ser apreendida objetivamente por meio de um monólogo repetido incansavelmente pelos inquestionáveis "mestres do saber", que não ultrapassam a condição de engrenagens na manufatura de egressos e que contribuem para o crescimento, principalmente financeiro, dos estabelecimentos de ensino, em especial através do contingente de aprovados em concursos de ingresso nas instituições de ensino superior.

> A massa de uma nação é formada de homens médios, partidários da ordem constituída (que lhes parece uma ordem só pelo fato de sua existência) prontos a tornarem-se, no dia seguinte (por exemplo, na França em 1870), monarquistas sob a Monarquia e republicanos sob a República.[91]

O discente e o ensino de transformação, de criação e de libertação cedem espaço para a necessidade de afirmação mercadológica operada a partir de índices e percentuais que negam a crise na educação. Crise essa cujas tentativas de combate analisadas a partir de olhos mais críticos podem, em sentido inverso, se assemelhar a mecanismos

---

[91] FERRI, Enrico. *op cit.* p. 129.

de incremento e aperfeiçoamento da própria crise, na medida em que forjam a sensação de enfrentamento e superação, criam expectativas de evolução, mobilizam ingênuas e bem intencionadas pessoas em torno de objetivos muito bem trabalhados a partir de argumentos motivacionais meticulosamente engendrados, mas que se encerram nas próprias palavras ditas, não ultrapassam o discurso e se resumem a meios de encantamento e mobilização de massas.

3

A AUTONOMIA DO PROCESSO

A compreensão da autonomia do processo prescinde da delimitação do objetivo da Jurisdição e do objetivo do Estado ao monopolizar a função de dizer o Direito.

Ao assumir com exclusividade a tarefa jurisdicional, o Estado tem em mira organizar a convivência das pessoas e proteger a ordem jurídica, pois as sociedades primitivas se valiam da autotutela para a solução de seus conflitos o que gerava uma instabilidade prejudicial ao incremento e desenvolvimento sociais: *v.g.*, o sentimento vivenciado por uma pessoa que sofresse uma ofensa à sua honra poderia motivá-lo a matar a família do ofensor e, se o ofensor cogitasse a reação irascível da vítima de sua ofensa, poderia matá-la diante do receio da ameaça à integridade dos membros de sua família.

> O *finis operantis* é, pois, tutelar o Direito objetivo. Para isso o Estado institui um órgão cujo fim, *finis operis*, é o de substituir-se aos particulares, impondo-lhes a vontade que êle próprio formula (jurisdição de eqüidade) ou declara (jurisdição legal).[1]

No Processo Penal, a tentativa de se construir ou de se reproduzir uma verdade absoluta que, em tem-

---

[1] TORNAGHI, Helio. *Instituições de processo penal.* Rio de Janeiro: Forense, 1959. T. I. p. 226.

pos idos esteve atrelada à ideia de uma congruência cabal entre o modelo de Direito Penal e o modelo de Processo Penal, a partir do desenvolvimento da autonomia do processo, cujo marco é representado pela obra de Oscar Von Büllow, "Teoria das exceções e dos pressupostos processuais"[2], muito mais que a simples previsão ou análise de institutos próprios para o processo, inaugurou a separação entre o direito processual e o suposto fato jurídico em discussão, de modo que a justeza ou justiça da decisão passou a independer da reprodução de um fato ocorrido.

O processo deixou de estar vinculado ao fato materialmente existente e passou a se perfilar "como um sistema normativo próprio, definindo-se e operando como um sistema auto-referente. Podendo – não raro devendo – reportar-se aos resultados das demais instâncias, há-de, por via de regra, fazê-lo em termos de resposta à complexidade de ambiente, que condiciona mas não determina o sentido definitivo do desempenho sistêmico"[3].

A par do relevante posicionamento do direito processual desprendido da função de realização do direito material, a autonomia do processo provoca consequências concretas para os jurisdicionados e para o próprio exercício jurisdicional, sendo o gérmen para a constituição de novos escopos para o exercício da função jurisdicional, distintos do mero reflexo do evento sucedido.

> Fixar os escopos do processo equivale, ainda, a revelar o grau de sua *utilidade*. Trata-se de instituição humana, imposta pelo Estado, e a sua legitimidade há de estar

---

2 BÜLLOW, Oscar Von. *La teoria de lãs excepciones procesales y los pressupuestos procesales*. Trad. LICHTSCHEIN, Miguel Angel Rosas. Buenos Aires: Ejea, 1964.

3 ANDRADE, Manuel da Costa. *Sobre as proibições de prova em processo penal*. Coimbra: Coimbra Editora, 1992. p. 27.

apoiada não só na capacidade de realizar objetivos, mas igualmente no modo como estes são recebidos e sentidos pela sociedade.[4] [5]

Este estudo ora desenvolvido, dedicar-se-á a duas consequências da autonomia do processo: uma relativa ao direito de ação e outra referente ao provimento final.

Diante da vedação, como regra[6], da autotutela, o direito de ação emergiu como um mecanismo imperativo que viabilizou a reparação e a sanção decorrentes de conflitos e lesões.

Vale lembrar que o conceito de ação penal é próprio do sistema acusatório, e constitui decorrência necessária do monopólio estatal do exercício da jurisdição. Sublinhe-se que não se empreenderão esforços para agregar mais argumentos ao denso e polêmico, mas periférico, debate sobre o conceito de ação, em geral atrelado ao direito romano antigo, com relevante caráter historiográfico, no entanto desvinculado das reais necessidades da crescente demanda da jurisdição para a solução de conflitos.

Modernamente, a teoria da ação deixou de ser o pólo metodológico da ciência do processo, estando os estudiosos

---

4 DINAMARCO, Cândido Rangel. *A instrumentalidade do processo.* 11. ed. São Paulo: Malheiros Editores, 2003. p. 181.

5 O autor não compactua com a vinculação do processo a escopos sociais, políticos e jurídicos, mas converge com a necessidade de uma a atuação jurisdicional legítima e atrelada aos preceitos fundamentais do Estado.

6 Excepcionalmente o Estado anui a reação pessoal e, inclusive, através de desforço físico para rexassar uma agressão típica e ilícita, atual ou iminente, a chamada legítima, pois se o aparato estatal não deteve eficácia suficiente para inibir o adimplemento de uma conduta lesiva ao pessoa, não seria razoável exigir que a vítima da violência sucumbisse ao injusto.

> mais preocupados com o objeto do processo e a demanda, como categorias centrais de todo o sistema processual.[7]

Assim, referir-se-á, tão somente, a um aspecto do direito de ação entrelaçado à autonomia processual, qual seja a desnecessidade de um fato pré-existente que embase o seu exercício.

Na verdade, o exercício do direito de ação pressupõe tão somente a descrição de um fato que preencha os requisitos legais, uma vez que a Jurisdição se abre de modo cabal a toda e qualquer pretensão do jurisdicionado, independentemente da sua boa ou má-fé ou da correspondência ou não com um fato pré-existente.

Após a apuração, caso a instrução convirja para um abuso do direito de ação, uma utilização perniciosa da estrutura estatal, ainda assim, o demandante terá satisfeito o seu direito à Jurisdição, mesmo que a resposta oficial o condene por litigância de má-fé, em hipóteses extra-penais ou denunciação caluniosa quando se tratar da esfera criminal. O provimento pode, eventualmente, frustrar as expectativas do jurisdicionado, mas o direito à resposta diante da provocação dirigida à Jurisdição sempre estará preservado.

A segunda decorrência da autonomia do processo, ora examinada, é a desnecessidade de correlação entre a sentença e o suposto fato que motivou a provocação jurisdicional, uma assertiva que, em princípio e, principalmente para ouvidos leigos, pode soar como um fracasso na tarefa de *juris dire*, um despropósito para o órgão sobre o qual, a juízo de muitos, paira uma insistente,

---

7 JARDIM, Afrânio Silva. *Direito processual penal.* 11. ed. Rio de Janeiro: Forense, 2005. p. 85.

inconsistente e nebulosa incumbência de dar "a cada um o que é seu".

A autonomia do processo reforça a ideia de sentença como fruto de uma construção e não simples reprodução do acontecido. Na medida em que os pontos de vista se verticalizam, eles determinam as atuações subsequentes na cadeia de atos processuais e, por consequência, determinam também o resultado.[8]

> A 'realidade jurídica' distingue-se assim da consciência e da multividência de um jurista em dois aspectos: constitui uma construção social e não psíquica (isto é, representa o resultado de comunicações), e uma construção social altamente seletiva que ganha a sua própria existência no seio de um sistema social autônomo, o hiperciclicamente organizado sistema jurídico."[9]

A partir dessa concepção, o produto da tarefa jurisdicional fecundará a partir da contribuição das partes, através de argumentos e provas que escorem as suas pretensões e às quais estará vinculado o juiz da causa.

---

8 LUHMANN, Niklas. *Leigitimação pelo procedimento*. Trad. Maria da Conceição Côrte Real. Brasília: Editora Universidade de Brasília, 1980. p. 64.

9 TEUBNER, Gunther. *O direito como sistema autopoiético*. Trad.: José Engrácia Antunes. Lisboa: Fundação Calouste Gulbenkian, 1989. p. 94.. *apud* LOPES, Mônica Sette. *Os precedentes e o sistema: a realidade e os mecanismos de solução de conflitos*. Revista Trabalhista. Vol IV. Separata. p. 524.

4

O PAPEL DA LINGUAGEM PARA A CONSTRUÇÃO DA VERDADE NO PROCESSO PENAL

A relatividade da verdade aferida como resultado do exercício da atividade jurisdicional lhe é imanente, da mesma maneira como ocorre com a obtenção de qualquer outro tipo de conhecimento.

> Vistos a partir do meio da linguagem, o procedimento objetivador do conhecimento da natureza e o conceito do ser em si, que corresponde à intenção de todo conhecimento, mostraram não passar de um resultado de mera abstração.[1]

A estabilidade de um sistema jurídico-político jamais pode depender da satisfação individual da concepção de justiça e de verdade.

Necessário formalizar o conceito de aceitação para se generalizar o reconhecimento de decisões para que os indivíduos as assumam como premissas do próprio comportamento.[2]

A construção do conhecimento produzido no processo jurisdicional não autoriza, ao contrário do que

---

[1] GADAMER, Hans-Georg. *Verdade e método I: traços fundamentais de uma hermêutico* filosófica. *op cit.* p. 613/614.

[2] LUHMANN, Niklas. *op cit.* p. 33.

alguns sustentam, a se falar em uma verdade mais próxima da realidade e outra menos, pois, a verdade advirá de uma "conversação hermenêutica"[3], em que os participantes através do "intercâmbio de opiniões"[4] alcançarão uma linguagem e um resultado comuns.

A mediação pela linguagem impõe, obrigatoriamente, à formação da verdade no processo, uma carga de relativismo e de incerteza e de ambiguidade[5], diante da elevada complexidade, variabilidade e inclinação à contradição dos temas e das premissas de decisão.

Os agentes interlocutores estabelecerão no processo uma "fusão de horizontes"[6] a partir de signos pré-definidos segundo a natureza jurídica do Estado e construirão, através da conversação, um novo ponto de vista fruto das visões e percepções de cada um dos interlocutores e que será algo comum a todos.

Os signos diante da estrutura especulativa da linguagem estão escancarados para a infinidade de experiências de mundo presentes e futuras e virão à fala por indeterminadas vezes, convertidos em sentidos que serão o fruto da fusão dos horizontes do passado do texto escrito e do presente de cada intérprete.

O movimento de conversão dos signos em sentidos, mais que a expressão de uma singela opinião, oportuniza o surgimento de uma verdade possível e constitui a essência da compreensão, descortinando o "verdadeiro

---

3 GADAMER, Hans-Georg. op cit. p. 502.

4 *Ibdem*. P. 501.

5 No original, ... *carga de relativismo y de incertidumbre y ambigüedad...* ANDRÉS IBÁÑEZ. *Acerca de la motivación de los hechos en la sentencia penal*. P. 124.

6 GADAMER, Hans-Georg. op cit. p. 503.

sentido hermenêutico"[7], uma vez que propulsiona o leitor a produzir, a introduzir novos pontos de vista carregados de preconceitos e a defender uma pretensão de verdade própria.

> Só assim os participantes podem ser motivados a tomarem, eles próprios, os riscos da sua ação, a cooperarem, sob controle, na absorção da incerteza e dessa forma a contraírem gradualmente um compromisso.[8]

O intérprete, no momento em que compreende um conjunto de signos, passa a integrar um jogo de compreensão, "um espaço potencial de criatividade"[9], em que o jogador incorpora à tradição as suas concepções pessoais e se insere em um acontecer da verdade.

Assim, "a legitimação pelo procedimento e pela igualdade de probabilidades de obter decisões satisfatórias substitui os antigos fundamentos jusnaturalistas ou os métodos variáveis de estabelecimento do consenso"[10].

Em análises históricas, como é o caso do processo jurisdicional, a formação do argumento está visceralmente coligada aos conceitos escolhidos para descrever o objeto investigado e tal seleção guarda sintonia com a visão de mundo do próprio intérprete.

Dessa forma, cada um dos sujeitos processuais construirá um conhecimento a partir da harmonização de dados históricos com as suas informações, experiências e sentimentos pessoais.

A percepção finita de cada um dos sujeitos processuais avançará além da limitação interpretativa inicial e

---

7 *Ibdem*. p. 509.

8 LUHMANN, Niklas. *op cit.* p. 64.

9 OST, Françoi, Kerchove, Michel van de (Coord.) *op cit.* p. 259.

10 LUHMANN, Niklas. *op cit.* p. 31.

individual por meio da linguagem que propiciará operações hermenêuticas em que se fundirão as compreensões individuais para a construção da verdade no processo.

Como próxima etapa na evolução do raciocínio, é necessário voltar os olhos para os signos que informam o processo penal e que decorrem da natureza jurídica do Estado, fruto dos princípios e regras fundamentais escolhidos como alicerce jurídico do próprio Estado, seus pilares de soerguimento, para, dessa maneira, identificar-se quais as decorrências advirão para os jurisdicionados como resultado da proteção à ordem jurídica.

> Nos Estados modernos a Constituição (ou Estatuto ou Carta fundamental) é o ato legislativo por excelência, porque nas normas das Cartas Constitucionais são indicadas as diretivas de princípio e os valores que constituem o caráter e a fisionomia do Estado e que por isso funcionam como regras de estrutura do ordenamento jurídico estatal.[11]

O Estado brasileiro, após a ruptura com o modelo de corte ditatorial, reinaugurou um período democrático, consubstanciado na Constituição da República de 1988[12].

A condição de Estado Democrático de Direito deflagra decorrências diretas e incisivas para o exercício do

---

[11] No original, *Negli Stati moderni la Costituzione (o Statuto o Carta fondamentale) è l'atto legislativo per eccellenza, perché nelle norme delle Carte Costituzionali sono indicate le direttive di principio e i valori guida che appunto 'costituiscono' Il carattere e la fisionomia dello Stato e che perciò funzionano come regole di strutura dell'ordinamento giuridico statale.In*, RAMACCI, Fabrizio. *Corso di diritto* penale. 2. ed. Turim: G. Giappichelli Editore. p. 70. (Tradução livre).

[12] CR/88, Art. 1º. A República Federativa do Brasil, formada pela união indissolúvel dos Estados e Municípios e do Distrito Federal, constiui-se em Estado Democrático de Direito e tem como fundamentos...

Poder Jurisdicional, primordialmente na esfera criminal, estabelecendo, através de uma epistemologia garantista, os signos através dos quais se construirá a verdade no processo, signos estes que preconizam a participação equânime das partes em contraditório na construção do provimento e o reconhecimento de limites bem definidos para a intervenção nos direitos das pessoas.

4.1 ESTADO DE DIREITO

Consequência do incremento das relações sociais, o Estado de Direito representa uma forma de governo em que as situações vivenciadas pelas pessoas e as consequências por elas geradas: deveres, obrigações, direitos, faculdades, prerrogativas e poderes, as chamadas "posições subjetivas"[13], decorrem privativamente de regras de direito.

A concepção de posição subjetiva em face do dispositivo normativo supera a ideia de direito subjetivo, concebido como direito sobre a conduta de outrem, fruto de um inadequado predomínio das "esferas subjetivas do Direito sobre as objetivas"[14]. Como já afirmado, as diversas posições subjetivas decorrem única

---

[13] FAZZALARI sustenta que a chamada posição subjetiva é a posição do sujeito em face à norma, norma esta que poderá prever uma faculdade, um dever ou um poder. A previsão de um poder assegura uma posição de premência para o sujeito que pode ser entendida como um direito subjetivo ou direito potestativo. Dessa maneira, FAZZALARI rechaça a concepção de direito subjetivo como direito de alguém sobre a conduta de outrem, pois o direito subjetivo é concebido como uma posição de vantagem assegurada ao sujeito, única e exclusivamente, pela norma. *In,* FAZZALARI, Elio. *Conoscenza e valori. op cit.* p. 66-71.

[14] TOBEÑAS, Jose Castan. *Situaciones juridicas subjetivas.* Madrid: Instituto Editorial Reus, 1963. p. 75.

e exclusivamente das previsões normativas e não da vontade dos sujeitos.

A regra de direito, ao contrário das manifestações individuais, caracteriza-se por ser geral e abstrata, sobrevivendo indefinidamente após a sua aplicação a um ou outro caso individual.[15]

Assim, a organização do Estado a partir de regras de direito, estabelece uma estrutura que confere segurança e previsibilidade às pessoas que, ao se depararem com a necessidade de fazer uma escolha em uma determinada situação concreta, não darão um salto no desconhecido, mas, ao contrário, farão uma opção vidente, com consciência das decorrências e implicações.

> A confiança na poderosa proteção do direito é o fundamento sobre o qual nos movemos com segurança nos assuntos da vida cotidiana e nas grandes empreitadas menos comuns.[16]

Paralela e complementarmente à evolução do modelo de Estado de Direito ocorreu a formação da cidadania moderna que, iniciada no século XVIII, percorreu um processo histórico de conquistas gradativas e principiadas com os direitos civis (séc. XVIII), seguidos dos direitos políticos (séc. XIX), agregados aos direitos sociais (séc. XX) e, recentemente, os direitos meta-individuais e o direito ao patrimônio genético integraram

---

15 ROUBIER, Pablo. *Teoria general Del derecho.* Trad. José M. Cajica Jr. Puebla: Editorial José M. Cajica Jr., s.d. p. 31.

16 No original, *La confianza en la poderosa protección del derecho es el fundamento sobre el cual nos movemos con seguridad todos en los assuntos de la vida cotidiana y en las grandes empresas. In*, HECK, Philipp. *El problema de la creacion del* derecho. Barcelona: Ediciones Ariel, 1961. p. 37.

as gerações de direitos que compõem a concepção contemporânea de cidadania.

Releve-se que a concepção de Estado de Direito avança além de regramento e tutela individual e impõe o exercício dos atos dos Poderes estatais *per leges* e sub lege, dois vieses amalgamados, porém diversos.[17]

O primeiro deles, o exercício de Poder *per leges* determina que as condições para a prática dos atos de Poder Estatal devem estar reguladas por normas gerais, abstratas e pré-estabelecidas que, consequentemente, procedimentalizarão o exercício de Poder que somente terá validade se observado o conjunto de formalidades positivadas.

Em complementação e com igual importância para a segurança jurídica, é a determinação do exercício de Poder *sub lege* que propicia uma subordinação dos agentes públicos a normas superiores, representa uma total submissão do Poder estatal, no sentido mais amplo e em todos os estratos de manifestação, ao direito. Impõe-se uma estrita observância das previsões normativas, na condição de limites estritos para o exercício de todos os atos emanados dos órgãos de Poder estatal. A limitação pelas normas vincula as formas e procedimentos de atuação estatal, mas também o conteúdo daquilo passível ou não de disposição.

> Ambas as noções aludem às exigências derivadas da posição igual de todos frente ao poder político já que

---

[17] O autor utiliza as expressões "governo *per lege*" e "governo *sub lege*", mas houve a opção pela utilização de "exercício de Poder *per lege*" e "exercício de Poder *sub lege*", por propiciarem uma compreensão mais exata da irradiação das decorrências das limitações legais para todos os Poderes constituídos. BOBBIO, Noberto. o*p cit*. p. 156.

> as pessoas reclamam um tratamento geral e abstrato, como exigência de igualdade; em segundo lugar, à defesa frente à arbitrariedade que suporia a atuação do poder à margem do direito e, por último, ao incremento de segurança jurídica na relação com o Estado dada a previsibilidade de suas atuações.[18]

Em matéria de teoria política, uma das principais preocupações é a criação de mecanismos aptos a defender o cidadão frente ao poder do Estado[19] e, a respeito do exercício do *jus puniendi*, os direitos civis, decorrentes das revoluções burguesas contra o absolutismo, exercem especial atribuição na construção de uma estrutura garantista e democrática para o exercício jurisdicional e "têm como fundamento o princípio da liberdade negativa, de autodeterminação da pessoa"[20].

> Neste aspecto, o Estado de Direito, entendido como sistema de limites substanciais impostos legalmente aos poderes públicos, visando à garantia dos direitos fundamentais, contrapõe-se ao estado absoluto seja ele autocrático ou democrático. Nem sequer por unanimidade pode o povo decidir – ou consentir que se decida – que

---

[18] No original, *Ambas nociones aluden a las exigências derivadas de la posición igual de todos frente al poder político ya que los pessoas reclaman un tratamiento general y abstracto, como exigência de igualdad; em segundo lugar, a la defensa frente a la arbitrariedad que supondría la actuacion del poder al margen del derecho y, por último, al incremento de la seguridad jurídica en la relación con el Estado dada la previsibilidad de sus actuaciones. In,* PEÑA, Antonio. *La garantia em el estado constitucional de derecho*. Madri: Trotta, 1997. p. 38. (Tradução livre)

[19] BOBBIO, Noberto. *A era dos direitos*. Rio de Janeiro: Campus, 1992. p. 143-159.

[20] VILANI, Maria Cristina Seixas. *Cidadania moderna: fundamentos doutrinários e desdobramentos históricos. In* Cardeno de Ciências Sociais. Belo Horizonte: PUCMinas. Dez 2002. p. 57.

> um homem morra ou seja privado de sua liberdade, que pensa ou escreva, que se associe ou não a outros.[21]

Em um modelo de Estado de Direito, ser titular de um direito fundamental corresponde a possuir um trunfo em um jogo de cartas, pois o trunfo prepondera tanto sobre as cartas de maior valor facial, quanto sobre a maior quantidade de cartas que o outro jogador possa portar.

> Direitos são mais bem compreendidos como trunfos que se sobrepõem a justificativas de fundo para decisões políticas que estabelecem objetivos para comunidade em geral.[22]

Contemporaneamente, os ordenamentos jurídicos ocidentais, em regra, reverenciam a pessoa com o fito de imprimir o respeito à dignidade do ser humano, mas o caráter individualista que reveste o arcabouço jurídico de Estados como o Brasil apresenta-se despido do fermento anarquista, próprio do Estado mínimo de corte liberal, em que as estruturas normativas, incluindo as garantias processuais penais, lastraram-se, essencialmente, em regras abstratas e ideais, que pressupunham uma concepção ideal de homem, ignorando as desigualdades sociais e as características pessoais[23].

---

21 CADEMARTORI, Sergio. *Estado de direito e legitimidade*: uma abordagem garantista. 2. Ed. Campinas: Millenium, 2007. p. 208-209.

22 No original, R*ights are best understood as trumps over some background justifications for political decisions that states a goal for the community as a whole In,* DWORKIN, Ronald. Rights as trumps. *In:* WALDRON, Jeremy. *Theories of Rights.* Oxford: Oxford University, 1984, p.153-167. p. 153.

23 PUIG, Santiago Mir. *Derecho penal – parte general.* 5. Ed. Barcelona: Tecfoto, 1998. p. 64.

4.1.1 Princípio da legalidade

A estruturação, ainda que rudimentar, do Estado de Direito moderno remonta à promulgação da *Magna Charta libertatum* (1215), em que previa-se a exigência legalitária. "Mas somente com o pensamento iluminista-liberal assume decisivamente aquele significado definitivo, político antes que jurídico, que constitui o conteúdo do princípio da legalidade."[24]

Precisamente, o marco do surgimento do princípio da legalidade foi o século XVIII, a partir da doutrina da divisão de poderes do Estado[25], e o mesmo passou a cristalinizar a essência do Estado de Direito: sob o aspecto político, a tutela da liberdade da pessoa e da dignidade humana exprime a ideologia liberal garantista e a sua positivação no sistema jurídico insere-o como "critério normativo de ação para os poderes do Estado"[26], impedindo que o exercício dos atos oficiais não se transmute em arbítrio e abuso.

> Politicamente o Princípio da Legalidade se constitui em uma alta limitação ao *jus puniendi* estatal, servindo para proteger a pessoa humana em face de um possível uso arbitrário do Direito Penal pelos detentores do poder político.[27]

---

[24] No original, *Ma soltanto con Il pensiero illuministico-liberale assume decisamente quel definito significato, político prima che giuridico, che costituisce Il contenuto del principio di legalità. In,* RAMACCI, Fabrizio. *Op cit.* p. 72. (Tradução livre).

[25] MONTESQUIEU. *O espírito das leis.* São Paulo: Martins Fontes, 2005.

[26] No original, *criterio normativo di azione per i poteri dello Stato. In,* RAMACCI, Fabrizio. o*p cit.* p. 72. (Tradução livre).

[27] BRANDÃO, Cláudio. *Introdução ao direito penal.* Rio de Janeiro: Forense, 2002. p. 68.

Na esfera penal, tanto no direito material quanto no processo, a legalidade não é uma característica, "senão a sua missão e objetivo" [28].

> Do respeito a ele se espera uma estreita sujeição da jurisprudência à lei, uma maior transparência na aplicação do direito e em sua justificação, e deste modo, uma melhor previsibilidade, e ao mesmo tempo, controle daquilo que sucede na legislação e na jurisprudência penais.[29]

Não se extraia da exposição uma conclusão equivocada de que se efetua um culto excessivo à literalidade da norma, próprio do positivismo jurídico que, "se por um lado está na base do princípio da estrita legalidade, por outro também permite modelos penais absolutistas, caracterizados pela ausência de limites ao poder normativo do soberano, ao mesmo tempo em que se mostra, em todo caso, completamente neutro a respeito de todas as demais garantias penais e processuais"[30].

Os positivistas, como reação à falta de coerência entre os discursos teóricos sucessivos à Revolução Francesa e a realidade jurídica, político-social e econômica, buscaram limitar ao máximo a tarefa do aplicador da norma positiva, a quem caberia somente empregar o teor gramatical da regra positivada, não se permitindo

---

28 No original, *sino su misión y objetivo. In*, HASSEMER, Winfried. *Crítica al derecho penal de hoy*. Trad. Patricia S. Ziffer. Colômbia: Universidad Externado de Colombia, 1997. p. 22. (Tradução livre).

29 No original, *Del respeto de ello se espera una estrecha sujeción de la jurisprudencia a la ley, una mayor transparencia en la aplicación del derecho y en su justificación, y de este modo, una mejor previsibilidad, y ao mismo tiempo, controlabilidad, de aquello que sucede en la legislación y en la jurisprudencia penales. Ibdem*. p. 22. (Tradução livre).

30 FERRAJOLI. Luigi. *Direito e razão*: teoria do garantismo penal. *op cit*. p. 30.

extensões em seu conteúdo que extrapolassem a literalidade do texto.

Neste cenário, os artigos do código tornaram-se verdades definitivas, tendo-se infundido nestes artigos o mecanismo do silogismo.[31]

Repise-se que a positivação é pressuposto do Estado de Direito, mas o positivismo jurídico não condiz com o atual modelo jurídico-político estatal, suportado sobre uma base principiológica, *ratio essendi* do sistema posto.

4.2 ESTADO DEMOCRÁTICO

> Quando os nazis levaram os comunistas, eu calei-me, porque, afinal, eu não era comunista. Quando eles prenderam os sociais-democratas, eu calei-me, porque, afinal, eu não era social-democrata. Quando eles levaram os sindicalistas, eu não protestei, porque, afinal, eu não era sindicalista. Quando levaram os judeus, eu não protestei, porque, afinal, eu não era judeu. Quando eles me levaram, não havia mais quem protestasse (Pastor Martin Niemöller).

A palavra democracia, reiteradamente utilizada no cotidiano, sazonalmente preenche os espaços midiáticos para, de forma panfletária, motivar o comparecimento dos eleitores às urnas e, diante da banalização do uso do vocábulo, o seu conceito parece óbvio e, por ser óbvio, presume-se que a coletividade atribua-lhe um mesmo conteúdo, fenômeno este cujo reflexo prático é um divórcio entre o povo e a nação, por meio do esvaziamento do papel da pessoa na estruturação do modelo democrático de Estado.

---

31 ARAÚJO, Sérgio Luiz Souza. *Texto didático*. Belo Horizonte: UFMG, s.d.

Atualmente, a democracia está inserida em uma "sociedade aberta"[32] e plural, prenhe de diversos grupos sociais com práticas, relações, valores, tradições e identidades culturais distintos entre si, uma sociedade multicultural.

> O multiculturalismo é a expressão da afirmação e da luta pelo reconhecimento desta pluralidade de valores e diversidade cultural no arcabouço institucional do Estado democrático de direito, mediante o reconhecimento dos direitos básicos das pessoas enquanto seres humanos e o reconhecimento das 'necessidades particulares' das pessoas enquanto membros de grupos culturais específicos.[33]

Sublinhe-se que o conceito de Democracia não pode ser restrito à concepção de democracia política, relegada à simples legitimidade formal de um governo e nem tampouco a participação do povo limitada ao voto.

> [...] que a democracia participativa, soube transcender a noção obscura, abstrata e irreal de povo nos sistemas representativos e transcende, por igual, os horizontes jurídicos da clássica separação de poderes.
>
> E o faz sem, contudo dissolvê-la. Em rigor a vincula, numa fórmula mais clara, positiva e consistente, ao povo real, o povo que tem a investidura da soberania sem disfarce.[34]

---

32 HÄBERLE, Peter. *Hermenêutica constitucional.* A sociedade aberta dos intérpretes da constituição: contribuição para a interpretação pluralista e "procedimental" da constituição. Trad. Gilmar Ferreira Mendes. Porto Alegre: Sergio Antonio Frabris Editor, 2002.

33 AVRITZER, Leonardo. DOMINGUES, Ivan (Org.). *Teoria social e modernidade no Brasil.* Belo Horizonte: UFMG, 2000. p. 207.

34 BONAVIDES, Paulo. *Teoria constitucional da democracia participativa:* por um direito constitucional de luta e resitência, por uma

Apesar da multivocidade do vocábulo povo: representativo do povo ativo, instância de atribuição de legitimidade, ícone, destinatário de prestações estatais[35], certo é que o povo "[...] não é apenas um referencial quantitativo que se manifesta no dia da eleição e que, enquanto tal, confere legitimidade democrática ao processo de decisão"[36], apesar de, não raro, orbitar no imaginário popular a ideia de que o político eleito para um cargo, ainda que descumpra seu projeto para o mandato, permanecerá praticamente inatacável e somente pelo sufrágio ou pela Jurisdição, mudanças poderão ser implementadas.

Ora, o político é eleito em razão das informações que constituem o seu plano de ação, suas metas para o mandato. Após eleito, ele não pode mudar aquela que foi a motivação para o eleitor conferir-lhe o voto, sob pena de fraudar a democracia.

A concretização da democracia implica na remoção de obstáculos e bloqueios que restrinjam a participação do povo para viabilizar o exercício de suas prerrogativas de soberania.

> O substantivo da democracia é, portanto, a participação. Quem diz democracia diz, do mesmo passo, máxima presença de povo no governo, porque, sem participação popular, democracia é quimera, é utopia, é ilusão, é retórica, é promessa sem arrimo na realidade, sem raiz na história, sem sentido na doutrina, sem conteúdo nas leis.[37]

---

nova hermenêutica, por uma repolitização da legitimidade. 2. ed. São Paulo: Malheiros, 2003. p. 27.

35 MÜLLER, Friedrich. *Quem é o povo?* A questão fundamental da democracia. São Paulo: Max Limonad, 1998.

36 HÄBERLE, Peter. o*p cit.* p. 37.

37 BONAVIDES, Paulo. o*p cit.* p. 283.

De suma importância ressaltar que os particulares têm a face ampla da legalidade voltada para si, ou seja, podem fazer tudo que não estiver em conflito com o ordenamento jurídico, frise-se, em conflito com o ordenamento jurídico, e não apenas em conflito com a lei.

Tal afirmação tem suporte na possibilidade da pessoa protestar com violência, mesmo através de ações ou omissões que, ainda que sejam típicas e até ilícitas, poderão estar amparadas por alguma excludente de culpabilidade e, dessa forma, o autor do ilícito penal não sofrerá qualquer sanção na esfera penal.

A história mundial recente revela situações em que parcelas da população manifestaram com uso de força física contra atos de Poder e obtiveram êxito: em março de 2006, houve uma série de protestos contra a lei do primeiro emprego na França, em que jovens depredaram veículos e lojas, enfrentaram a polícia e conseguiram a revogação da lei[38]; em dezembro de 2001, uma rebelião popular na Argentina, após saques, mortes e agressões, culminou com a renúncia do então presidente Fernando de la Rúa[39], etc.

---

[38] Em Paris, a principal passeata deve ter início às 14h30 (9h30 de Brasília). Cerca de 4.000 policiais foram mobilizados para evitar novos atos de violência durante os protestos. Na quinta-feira (23), 2.000 jovens que moram nos subúrbios seguiram para Paris e enfrentaram a polícia. Veículos e lojas foram destruídas. Os jovens agrediram vários estudantes em outra manifestação no centro da capital. http://www1.folha.uol.com.br/folha/mundo/ult94u94176.shtml, consultado no dia 07 de fevereiro de 2009, às 01 e 31 horas.

[39] O que ocorreu na Argentina teve ingredientes novos: uma rebelião espontânea de uma população empobrecida e farta de ser cobaia de experiências econômicas fracassadas. A onda de saques iniciada nos bairros pobres da periferia de Buenos Aires alastrou-se rapidamente pelo país e culminou com uma ruidosa concentração de milhares de

A democracia deve estar presente na realização de todos os atos dos Poderes constituídos do Estado e não há como se delimitar previamente, *numerus clausus,* os meios de participação do povo na realização dos atos de Poder.

Apesar da pessoa, livremente, poder participar ou interferir na efetivação dos atos oficiais que bem entender e como bem entender, a Administração Pública, em todos os seus estratos, é obrigada a oportunizar a participação daqueles que sofrerão, em suas esferas de direito, as potenciais consequências de cada ato de Poder, *v.g.*, o proprietário e o condutor do veículo que for autuado pelos órgãos de fiscalização de trânsito; a vítima e o acusado em processo criminal, etc.

Diante do raciocínio acima delineado, começa a descortinar o papel primordial do processo para democracia, uma vez que o processo é o instrumento indispensável para o Estado sancionar direitos da pessoa.

A partir do pressuposto de que o procedimento é uma sequência de "atos previstos e valorados pelas normas"[40] e de que processo é uma espécie do gênero procedimento

---

manifestantes diante da Casa Rosada na madrugada de quinta-feira. Encurralado pela fúria de seus concidadãos e incapaz de negociar uma solução política com a oposição, o presidente Fernando de la Rúa apresentou sua renúncia no final da tarde. Temendo pela própria vida, deixou o palácio de helicóptero – logo ele, que prezava tanto o ritual de retornar a Olivos, a residência oficial da primeira-família, num vistoso cortejo de limusines.

O custo da rebelião foi pesado: mais de uma centena de supermercados, lojas e residências saqueados, 26 mortos e centenas de feridos. http://veja.abril.com.br/261201/p_022.html, consulta realizada em 07 de fevereiro de 2009, às 02 horas.

40 No original: *atti, quali previsti e valutati dalle norme. In*, FAZZALARI, Elio. Istituzioni di diritto processuale. *op cit.* p. 78.

em que a construção do "provimento final"[41] observa a instrução em contraditório entre as partes, sujeitos que sofrerão os efeitos da decisão[42], sempre que o ato oficial do Estado impuser um risco a um interesse da pessoa, ele terá a oportunidade de participar da construção do ato de Poder, o que se dará através do processo.

Talvez possa causar espécie o fato de que a principal atribuição do processo não foi vinculada à condição de meio para acesso aos direitos, mas tal atitude é reflexo da abertura de possibilidades pelas quais o particular pode pleitear os seus interesses, inclusive, mas não exclusivamente, pelo processo.

Trata-se de um rompimento com um discurso de manipulação de massas que, normalmente empurra a população para lutar por seus direitos na Jurisdição e, dessa forma, confinadas em regras procedimentais rígidas, o comportamento domesticado das eventuais vítimas das lesões praticadas pela máquina estatal permite a manutenção de uma nefasta estrutura protelatória.

---

41 O provimento é o ato jurídico mediante o qual os órgãos do Estado, pertencentes aos poderes executivo, legislativo ou judiciário, emanam disposições imperativas. *Ibdem*. p. 7.

42 A corrente doutrinária exposta contesta a diferenciação de processo e procedimento estabelecida sob a égide da relação jurídica, fundada em um critério teleológico, a partir do qual o processo diferencia-se do procedimento por possuir finalidades: meio de exercício de poder e instrumento de realização da jurisdição, ao contrário do procedimento que consiste em mera forma extrínseca pela qual se manifesta o processo. Em superação à concepção tradicional da separação entre o processo e o procedimento, concebeu-se um caminho mais coerente e lógico, que identifica, antes da diferença uma interação entre os dois conceitos, interação esta de mesma natureza que a relação existente entre gênero e espécie. Deste modo, o processo deve ser concebido como uma espécie do gênero procedimento.

4.2.1 Princípio do contraditório: o principal instrumento de transposição da democracia para o processo penal

A evolução do direito constitucional de defesa se confunde com a história do processo[43] e com a própria marcha de desenvolvimento da civilização[44] e a sua origem remonta a mais de cinco séculos antes da Era Cristã, não sendo precisa a data exata do seu surgimento.

O Velho Testamento da Bíblia, ao referir-se ao julgamento de Adão, aquele que segundo as escrituras bíblicas foi o primeiro julgamento realizado na terra, apresenta o que pode ser compreendido como uma semente do direito de resistência, pois Deus não condenou Adão sem que antes lhe desse o direito de se manifestar[45].

---

43 CARULLI, Nicola. **Il diritto di difesa dell ´imputato**. Napoli: Jovene, 1967, p.3.

44 A análise é desenvolvida sob o ponto de vista europeu que divide o desenvolvimento da humanidade em cinco etapas: Pré-história, Antiguidade, Idade média, Idade moderna e Idade Contemporânea. A Pré-história inicia-se com o surgimento do homem há cerca de 3,5 milhões de anos e vai até o surgimento da escrita, no ano 4.000 a.C, a partir daí, tem-se o começo da História. O presente estudo restringiu a perquirição da origem do Direito de Defesa ao Período Histórico, pois na fase anterior, diante da inexistência de registros escritos, a reconstrução dos fatos e situações dependia de achados arqueológicos, o que reduz a precisão dados obtidos.

45 Gênesis: 3, [9]Mas o Senhor Deus chamou o homem, e disse-lhe: "Onde estás?" [10]E ele respondeu: "Ouvi o barulho dos vossos passos no jardim; tive medo, porque estou nu; e ocultei-me." [11]O Senhor Deus disse: "Quem te revelou que estavas nu? Terias tu porventura comido do fruto da árvore que eu te havia proibido de comer?"[12] O homem respondeu: "A mulher que pusestes ao meu lado apresentou-me deste fruto, e eu comi."

Na Grécia Antiga, em Atenas, no ano de 441 a.C., encenou-se a peça Antígona[46] de Sófocles, emblemático na discussão sobre a origem do direito de defesa, no qual se representa o julgamento da personagem Antígona, que formula a sua defesa questionando a validade da norma escrita em face das leis não-escritas e manifestando assim, o direito de resistência, germe do direito de defesa e de caráter universal.

Adentrando-se, mais técnica e precisamente no desenvolvimento do direito de defesa, enceta-se a análise a partir da antiguidade, na Roma Republicana e na Grécia, onde o processo era do tipo acusatório puro, constituindo a defesa em um direito indiscutível do acusado que, desde o início da persecução, conhecia a imputação contra si formulada, situando-se em um mesmo

---

46 Édipo, no momento em que descobriu que seus 4 filhos foram concebidos da relação dele com sua própria mãe, Jocasta, num gesto de autoflagelo, traspassou seus olhos e passou a vagar pela Grécia, conduzido por sua filha Antígona. Após a sua morte, dois de seus filhos iniciaram uma contenda pelo poder político de Tebas, tendo um irmão assassinado o outro. Creonte, tio dos irmãos mortos, passou a exercer o governo da cidade. Em seu primeiro decreto, o novo governante proibiu que sepultassem Polinices, um dos irmãos mortos – impedindo, assim, segundo as crenças gregas, que seu espírito pudesse alcançar a paz eterna, sob o fundamento de traição à pátria, infração esta cuja pena cominada era a morte do criminoso.
Antígona, desobedecendo as ordens do Rei Creonte, sepultou Polinices, prestando-lhe as homenagens fúnebres e sendo, por esta razão levada à presença do Rei para que este lhe impusesse a devida punição. Diante do Rei, Antígona, em sua defesa, invocou as leis eternas que regem o mundo, de caráter universal, cujas origens se perdiam na perspectiva do tempo e que deviam predominar sobre as leis escritas. *In* SÓFOCLES. *Édipo Rei – Antígona*. Trad. Jean Melville. São Paulo: Martin Claret, 2004. p. 81 – 137.

plano jurídico da acusação. O imputado que no início agia pessoalmente, em um segundo momento recebia a assistência de um orador eloqüente e especialista, que possuía toda a liberdade para exercer a defesa de seus assistidos[47].

Posteriormente, o regime imperial impôs restrições próprias do novo sistema: o segredo e a redução a escrito dos atos da instrução. A defesa foi extremamente mitigada na primeira fase processual, readquirindo seu vigor nos debates orais[48].

Com a queda do Império Romano, os Povos Bárbaros impuseram o seu poder e, no tocante à defesa do acusado, com exceção das ordálias (juízos ou julgamentos de Deus)[49], nas quais não existia a possibilidade de defendimento, manteve-se a garantia de defesa, podendo o acusado comparecer em juízo na companhia de seus parentes e amigos. No entanto, não era sempre presente a possibilidade do mesmo eleger um patrono ou procurador[50].

As primeiras linhas de estruturação da moderna ciência processual penal no século XIII, mais precisamente, em 1215, a partir de transformações que afetariam

---

47 MARICONDE, Alfredo Vélez. *Derecho procesal penal.* Buenos Aires: Ediciones Lerner, 1969. p. 373.

48 MARICONDE, Alfredo Vélez. *op cit.* p. 373-374.

49 Consistiam elas em submeter o acusado a uma certa e determinada prova, supondo que Deus não o deixaria sair dela com vida se fosse culpado. Esta espécie encontra-se em quase todos os povos primitivos. A este respeito: TORNAGHI, Helio. *Instituições de processo penal.* Vol. IV. Rio de Janeiro: Forense, 1959. p. 210-211.

50 MARICONDE, Alfredo Vélez. *Derecho procesal penal.* Buenos Aires: Ediciones Lerner, 1969. p. 374.

toda a Europa, apesar de muitos não terem identificado o cenário transformador do momento.[51]

A partir da instauração do regime inquisitivo, o processo tornou-se escrito e marcado pelo sigilo interno e externo, na medida em que o acesso aos atos processuais era vedado tanto às pessoas em geral que não integravam a relação processual, quanto ao próprio imputado[52], que perdeu a condição de parte e se converteu em um mero objeto do processo. O direito à defesa foi bastante esvaziado[53].

O defensor não tinha acesso aos atos processuais instrutórios[54] e a sua escolha era feita a partir de um grupo de dois ou três advogados do próprio tribunal, que tinham por função primordial explicar ao acusado a sua posição, bem como os riscos que corria, induzindo-o a dizer a verdade[55].

Havia a concentração das funções de acusação e julgamento em uma mesma pessoa que possuía uma ampla liberdade na perquirição de ofício das provas, dentre outros amplos poderes, em flagrante disparidade com a situação de completo desamparo a que era submetido o imputado, em face do qual, era prevista uma prisão preventiva por prazo suficiente para que o juiz acusador recolhesse os elementos de prova[56].

---

51 TARUFFO, Michele. *La semplice verità: Il giudice e la costruzione dei fatti*. Roma: Editori Laterza, 2009, p. 3.

52 LOZZI, Gilberto. *Lezioni di procedura penale*. 5. Ed. Turim: G. Giappichelli, 2002. p. 5.

53 MARICONDE, Alfredo Vélez. *op cit*. p. 375

54 *ibdem*

55 CÁRCE, Ricardo Garcia. *L'inquisizione*. Milão: Fenice, 2000, 1994. p. 37.

56 LOZZI, Gilberto. *op cit.*. p. 5.

Como a Igreja detinha o domínio pleno das premissas do processo, permitia-se que o inquisidor, ao aplicar uma lógica dedutiva, conduzisse os julgamentos ao resultado que desejasse.[57]

Ocorrida a Revolução Francesa e introduzida a Declaração dos Direitos do Homem e do Cidadão, uma das primeiras modificações operadas pela Assembleia Constituinte foi mitigar as restrições impostas à defesa do imputado e, desde então se afirmou a necessidade de se facultar aos acusados a possibilidade de defesa promovida por um defensor técnico.

No Brasil, a primeira Constituição, promulgada em 1824, trouxe algumas limitações ao *jus puniedi* do Estado: princípio do juiz natural, princípio da anteriodade da lei penal e a proibição de Tribunais de exceção. No entanto, no tocante à regulação dos atos processuais, delegou tal tarefa às normas infraconstitucionais[58].

Em 1891, publicou-se oficialmente a primeira Constituição Brasileira Republicana, cujas bases estavam alicerçadas no constitucionalismo norte-americano, tendo sido elaborada em estreita sintonia com a Constituição

---

57 COUTINHO, Jacinto Nelson de Miranda. e CARVALHO, Luis Gustavo Grandinetti Castanho de. Organizadores. *O novo processo penal à luz da Constituição: análise crítica do projeto de Lei n.º 156/2009, do Senado Federal*. Rio de Janeiro: Lumen Juris, 2010, p. 4.

58 Art. 179. (...)
(...)
XI – Ninguém será sentenciado, senão pela Autoridade competente, em virtude de lei anterior e na fórma por ella prescripta.
(...)
XVII - A excepção das Causas, que por sua natureza pertencem a Juízos particulares, na conformidade das Leis, não haverá Foro privilegiado, nem commissões especiais nas causas cíveis ou crimes.

Americana de 1787, esta última havendo sofrido decisiva influência da idéia de direito natural[59]. Ambos os textos constitucionais apoiavam-se na separação dos poderes políticos e no controle judicial dos atos dos poderes públicos[60]. Ademais, a Constituição de 1891 determinou, de maneira expressa, a necessidade de se conceder aos acusados a ampla defesa com os recursos a ela essenciais, inserindo a nota de culpa na condição de componente do referido princípio[61].

A Constituição de 1934[62] manteve a garantia da ampla defesa sem, no entanto, adentrar na especificidade da nota de culpa, como fizera o texto anterior.

Já na Constituição de 1937, de cunho totalitário, não foram previstas garantias constitucionais do processo que voltaram a ter assento constitucional na Carta de 1946[63], a qual sofreu influências das idéias trazidas pelo Projeto de Código de Procedimentos

---

59 A idéia do direito natural foi a base do pensamento de dois autores ingleses: o juiz Sir Edward Coke (1552-1634) e o filósofo John Locke (1632-1704)

60 MACIEL, Adhemar Ferreira. *O devido processo legal e a constituição brasileira de 1988*, *in* Revista de processo. São Paulo: Revista dos Tribunais, 1997. Ano 22. p. 176.

61 Art. 72. (...)
(...)
§ 16. Aos accusados se assegurará na lei a mais plena defesa, com todos os meios essenciaes a ella, desde a nota de culpa, entregue em vinte e quatro horas ao preso e assignada pela autoridade competente, com os nomes do accusador e das testemunhas.

62 Art. 113. (...)
(...)
XXIV - A lei assegurará aos acusados ampla defesa, com os meios e recursos essenciaes a esta.

63 Art. 141. (...)
(...)

Civis de Eduardo Couture, de 1945, que instaurou uma inclinação reformista na América Latina. Importante relevar que a Constituição de 1946 inaugurou a elevação do princípio do contraditório à condição de princípio constitucional expressamente previsto e, novamente, previu a ampla defesa e, atrelada a ela, as regras para a emissão da nota de culpa.

Em 1948, elaborou-se a Declaração Universal dos Direitos Humanos[64] que fortaleceu sobremaneira os discursos de respeito às garantias individuais com o objetivo de impor limites ao *jus puniendi*, assegurando aos acusados, instrumentos eficazes de defesa no processo penal.

A Constituição de 1967[65] reafirmou os direitos à ampla defesa e ao contraditório, atrelando-os ao princípio da vedação de Tribunais de exceção e ao princípio

---

§ 25. É assegurada aos acusados a plena defesa, com todos os meios essenciais a ela, desde a nota de culpa, que, assinada, pela autoridade competente, com os nomes do acusador e das testemunhas, será entregue ao prêso dentro de vinte e quatro horas. A instrução criminal será contraditória.

64 Art. IX
Ninguém será arbitrariamente preso, detido ou exilado.
Art. X
Toda pessoa tem direito, em plena igualdade, a uma audiência justa e pública por parte de um tribunal independente e imparcial, para decidir de seus direitos e deveres ou do fundamento de qualquer acusação criminal contra ele.
Art. XI
1. Toda pessoa acusada de um ato delituoso tem o direito de ser presumida inocente até que a sua culpabilidade tenha sido provada de acordo com a lei, em julgamento público no qual lhe tenham sido asseguradas todas as garantias necessárias à sua defesa.

65 Art. 150 (...)
(...)

da anterioridade da lei penal. A EC/nº 1 de 1969, por muitos considerada uma nova constituição, manteve em seu art. 153 as regras da carta de anterior.

Também em 1969, no dia 22 de novembro, foi aberta à assinatura na Conferência Especializada Interamericana sobre Direitos Humanos, em São José da Costa Rica, o Pacto de São José da Costa Rica[66], que, dentre os inúmeros direitos fundamentais do homem,

---

§ 15. A lei assegurará aos acusados ampla defesa, com os recursos a ela inerentes. Não haverá foro privilegiado nem tribunais de exceção.
§ 16. A instrução criminal será contraditória, observada a lei anterior quanto ao crime e à pena, salvo quando agravar a situação do réu.

66 Art. 8 - Garantias Judiciais
1. Toda pessoa terá o direito de ser ouvida, com as devidas garantias e dentro de um prazo razoável, por um juiz ou Tribunal competente, independente e imparcial, estabelecido anteriormente por lei, na apuração de qualquer acusação penal formulada contra ela, ou na determinação de seus direitos e obrigações de caráter civil, trabalhista, fiscal ou de qualquer natureza
2. Toda pessoa acusada de um delito tem direito a que se presuma sua inocência, enquanto não for legalmente comprovada sua culpa. Durante o processo, toda pessoa tem direito, em plena igualdade, às seguintes garantias mínimas:
3.direito do acusado de ser assistido gratuitamente por um tradutor ou intérprete, caso não compreenda ou não fale a língua do juízo ou tribunal;
4.comunicação prévia e pormenorizada ao acusado da acusação formulada;
5. concessão ao acusado do tempo e dos meios necessários à preparação de sua defesa;
6. direito ao acusado de defender-se pessoalmente ou de ser assistido por um defensor de sua escolha e de comunicar-se, livremente e em particular, com seu defensor;
7. direito irrenunciável de ser assistido por um defensor proporcionado pelo Estado, remunerado ou não, segundo a legislação interna, se o acusado não se defender ele próprio, nem nomear defensor dentro do prazo estabelecido pela lei;

imprimiu significativo destaque às garantias judiciais. É de se relevar que o Brasil somente a ratificou no dia 25 de setembro de 1992.

A Constituição de 1988, instrumento normativo máximo do ordenamento jurídico pátrio contemporâneo e verdadeira carta de libertação, inaugura uma postura inédita do Estado Brasileiro, centrada no asseguramento do exercício dos direitos fundamentais do indivíduo, tendo ampliado as garantias do contraditório e da ampla defesa, assegurando, sem restrições, a observância de ambos em todos os processos administrativos e judiciais, bem como aos acusados de modo geral[67].

4.2.1.1 A estrita vinculação entre democracia e a consolidação da participação dos afetados na construção das decisões

No século XIX, construiu-se uma definição do princípio do contraditório, influenciada pela concepção

---

8. direito da defesa de inquirir as testemunhas presentes no Tribunal e de obter o comparecimento, como testemunhas ou peritos, de outras pessoas que possam lançar luz sobre os fatos;
9. direito de não ser obrigada a depor contra si mesma, nem a confessar-se culpada; e
10. direito de recorrer da sentença a juiz ou tribunal superior.
11. A confissão do acusado só é válida se feita sem coação de nenhuma natureza.
12. O acusado absolvido por sentença transitada em julgado não poderá ser submetido a novo processo pelos mesmos fatos.
13. O processo penal deve ser público, salvo no que for necessário para preservar os interesses da justiça.

[67] Art. 5°. (...)
(...)
LV – aos litigantes, em processo judicial ou administrativo, e aos acusados em geral são assegurados o contraditório e ampla defesa, com os meios e recursos a ela inerentes;

liberal, apesar do relevante mérito da positivação dos direitos individuais, o contraditório, assim como as demais garantias processuais previstas neste período, não foram asseguradas materialmente e, portanto, não ultrapassaram um caráter meramente formal, sem plena eficácia na prática jurídica. Neste período, o contraditório era concebido como a garantia processual de ser ouvido e de ouvir, representado pelo brocado latino *audiatur et altera pars.*

Importante ressaltar que o princípio do contraditório, nos moldes como foi insculpido pelo Estado Liberal, cumpriu a sua missão, como já mencionado, pois o reconhecimento formal da garantia é etapa essencial. Entretanto, a positivação por si só não oferece respostas adequadas, na medida em que relega aos indivíduos o papel de efetivarem os preceitos normativos e, portanto, não assegura a eficácia. Dessa forma, a manutenção da concepção de que o papel do Estado se restringe à previsão formal da garantia, notadamente, no direito processual penal, vêm sendo diretamente responsável por irreparáveis e inumeráveis injustiças pois

> pressupõe que à igualdade formal das partes corresponda a igualdade substancial: somente desse modo é possível deduzir que do livre confronto das partes resulte sempre a justa composição da controvérsia.[68]

---

[68] PISANI, Andrea Proto. *Lezioni di diritto processuale civile*, 2. ed. Napoli: Jovene Editore, 1996. p. 224. No original: "*In particulare, in quanto frutto di una concezione liberal-individualista della realtà pressuppone che all'eguaglianza formale delle parti corrisponda l'eguaglianza sostanziale: solo in tal modo è possibile ritenere che dal libero scontro delle parti derivi sempre la giusta composizione della controversia...*"

Com o surgimento do modelo de Estado Democrático de Direito, aos poucos, têm sido alterados os parâmetros de tratamento dos direitos e garantias dos indivíduos. Mantiveram-se a liberdade e a dignidade da pessoa humana como valores fulcrais do ordenamento. No entanto, o Estado tem abandonado a sua postura estática e passado a buscar a afirmação de certos valores fundamentais da pessoa humana, bem como o direcionamento da organização e funcionamento da máquina estatal tendo em vista a proteção e efetivação desses valores.

Assim, um Estado essencialmente garantista, não pode, simplesmente, dispor os direitos de seus governados, não assegurando a viabilização de realização destes direitos, pois,

> em matéria jurídica, é preciso buscar sempre garantias e seguranças. Não basta que um direito seja reconhecido e declarado; é necessário garanti-lo, porque chegam ocasiões em que será discutido e violado[69].

Ademais, a democracia, enquanto eixo estruturante de um Estado, não se restringe, simplesmente, à forma de seleção dos agentes políticos, compondo-se como critério para o exercício do poder estatal em todos os seus estratos.

Diante desta conjuntura, a ordem democrática transpõe-se para o sistema processual que, enquanto vertente

---

69 No original: *En materia juridica es preciso buscar siempre garantias y seguridades. No basta que un derecho sea reconocido y declarado; es necesario garantizarlo, porque llegarán ocasiones em que será discutido y violado. In* HAURIOU, Maurice. *Principios de derecho público y constitucional.* Trad. Carlos Ruiz del Castillo. Madri: Reus. s.d. p. 120.

do poder estatal, abre o desenvolvimento de seus trabalhos para a participação dos indivíduos, cujos direitos serão afetados pelo provimento, em simétrica paridade de posições jurídicas, sendo-lhes distribuídas as mesmas oportunidades no decorrer do *iter* processual.

A extensão das diretrizes democráticas para a seara do processo reveste-se de transcendental importância, sendo instrumento de efetivação de direitos e eficaz mecanismo de contenção e controle do poder dos agentes públicos, propiciando uma legitimidade do Estado, na medida em que permite o aperfeiçoamento da ordem jurídica a partir da abertura às reivindicações dos governados.

Para desempenhar os relevantes papéis que lhe são devidos na estrutura do Estado Democrático de Direito, o sistema processual necessita de validade e eficácia, que só podem ser atingidas através de mecanismos que possam garantir a sua concreta realização[70].

Dentre os instrumentos que conferem validade e eficácia ao ordenamento jurídico, o princípio constitucional do contraditório é a viga mestra que permite o confronto equânime entre as partes.

Como já afirmado, o processo, como decorrência dos ditames do Estado Democrático de Direito, deve ser conduzido de forma a cumprir as garantias positivadas no texto constitucional. Neste sentido, é indispensável que se assevere às partes a permanente e concreta oportunidade de participação na instrução dos atos processuais, uma vez que

---

70 BARACHO, José Alfredo de Oliveira. *Processo constitucional*. Rio de Janeiro: Forense, 1984. p. 130

> o respeito ao contraditório assume o valor de uma condição de legitimidade constitucional da norma processual. [71]

4.2.1.2 Conceito e necessidade

Apesar do contraditório, enquanto instituto processual, ser conhecido há alguns séculos, o conceito adequado e o verdadeiro papel do mencionado princípio, ainda hoje, encontram-se nebulosos, e os equívocos ao tentarem estabelecer o seu alcance, não raro geram falhas em inúmeras instruções processuais.

Assim, o princípio do contraditório nos séculos XVIII e XIX já foi definido a partir dos brocados *audiatur et altera pars*, *audi alteram partem*, *audita altera parte*. Mais recentemente, tentaram caracterizar o mencionado princípio como a garantia de participação no processo ou ainda como o direito de efetiva participação na instrução processual.

Deve-se ressaltar que todas as tentativas acima delineadas são insuficientes para determinar o verdadeiro alcance deste princípio constitucional que é a verdadeira "coluna de sustentação de todo o edifico processual".[72]

Em primeiro lugar, o direito das partes serem ouvidas (*audiatur et altera pars*), embora componha a estrutura do contraditório não abarca todo o seu conteúdo.

---

[71] No original: *il rispetto del contradditorio assume il valore di uma condizione di legittimità costituzionale della norma processuale. In* LIEBMAN. *Manuale di diritto processuale civile.* Milão: 1957, v. I. p. 229.

[72] No original: *colonna portante dell'intero edificio processuale. In* CRISTIANI, Antônio. *Manuale del nuovo processo penale.* Torino: Gippichelli, 1989. p. 49.

Cumpre ressaltar que, inclusive nos sistemas mistos, o adágio *audiatur et altera pars* possuiu adeptos ingênuos ou dissimulados[73], que anuíam a possibilidade de discussão ou defesa em processos escritos cujas provas tinham sido colhidas em segredo em uma fase instrutória anterior. O debate entre as partes servia exclusivamente para conferir ao rito uma simulada veste dialética que encobria uma cruel herança inquisitorial.

Ademais, a simples participação ou a efetiva participação no processo são peculiaridades de todos os sujeitos dos atos processuais, desde os serventuários da justiça que contribuem transportando os autos ou anexando-lhes peças jurídicas, passando pelo magistrado e chegando até as partes. Todos, indistintamente, participam do processo.

Releve-se que às partes não basta simplesmente a possibilidade de participar da formação dos atos processuais. Na qualidade de detentoras dos interesses que serão afetados pelo ato final, as partes devem participar da fase de preparação do provimento "na simétrica paridade de suas posições"[74] com igualdade de oportunidades entre si. Esta igualdade é embasada na liberdade de todos perante a lei.

Dessa forma, a condição, ainda que hipotética, de destinatários da eficácia do provimento final é o critério que garante a participação em contraditório, legitimando-os a agir.

Nas situações em que se constatar que os contraditores não são, nem ao menos supostamente, destinatários

---

[73] CRISTIANI, Antônio. *op cit*. P. 50.

[74] No original: *nella simmetrica parità delle loro posicione*. In FAZZALARI, Elio. *Istituzioni di diritto processuale. op cit.* p. 83.

dos efeitos do ato decisório final, o processo não poderá prosseguir por ausência de legitimidade das partes para agir e a atividade processual já desenvolvida não terá qualquer utilidade[75].

A presença do contraditório implica na construção da instrução processual pelas partes "em condições de igualdade e de simetria"[76], pelo menos potencial, uma vez que sob este novo enfoque, a igualdade é concebida como igualdade de possibilidades. Mas não se trata de uma potencialidade abstrata, recorrente nas estruturas processuais. Mas sim, da necessidade de oferecimento de condições reais para a realização do contraditório.

Ora, a igualdade de possibilidades não é um critério formal que desconsidera a existência de desigualdades entre as partes. Estas existem e, por um lado, decorrem do esforço individual, sendo relevantes na medida em que refletem o empenho pessoal, mas também se reconhece a influência das diversas circunstâncias de vida do indivíduo na construção do processo, inclusive daquelas que derivam da precariedade de políticas públicas e cuja deficiência implica em comprometimento da qualidade da intervenção processual.

Garante-se igualdade de oportunidades no processo, ou seja, a tutela constitucional processual impõe a possibilidade de ambas as partes "serem titulares de situações ativas e passivas previstas na Constituição e na lei processual". [77]

---

75 FAZZALARI, Elio. *Istituzioni di diritto processuale. op cit.* p. 85-86.

76 No original: *condizione de ugguaglianz e simetria. In* FAZZALARI, Elio. *Istituzioni di diritto processuale* op *cit*. p. 51.

77 BARACHO, José Alfredo de Oliveira. *Teoria geral do processo constitucional. In* Revista de Direito Comparado. Belo Horizonte: Faculdade de Direito/UFMG. v. 4. p. 57.

A ocorrência de desigualdades geradas a partir das condições individuais é perfeitamente possível, ou seja, a parte que melhor contribuir para a instrução processual, apresentando mais elementos de prova e argumentos terá para si uma situação favorável, propiciando maiores possibilidades de êxito.

Assim, o acusado que se recusar a apresentar a sua versão no interrogatório estará perdendo uma oportunidade de defesa e, apesar desta omissão não implicar em confissão ou presunção de culpa, ele estará desperdiçando uma chance para acrescentar ao debate processual elementos que conduzam à sua absolvição. Da mesma forma, poderá implicar em prejuízo para o conteúdo de um interrogatório, mas irrelevante para a regularidade do processo, dificuldades de dicção, indisposição física, pouca instrução, raciocínio lento, dentre outros.

Ademais, a atuação simultânea e equânime do acusador e do acusado é fundamental para a construção de uma decisão final justa, entendendo-se por justa a sentença gerada em um processo instruído com a observância da natureza jurídica do Estado, incluindo o princípio do contraditório, pois, de outro modo, o magistrado, encontrar-se-ia na infeliz situação de obter alegações unilaterais, formando com parcialidade a sua convicção.

Acresça-se a isto o fato de que a sanção característica da esfera penal agride um dos bens mais valiosos do indivíduo: a liberdade de locomoção, bem este que é um dos alicerces da Constituição Federal Brasileira. Por esta razão, a observância ao princípio do contraditório assume uma maior relevância, pois o Estado, apesar da nocividade da pena privativa de liberdade, aceita-a e a autoriza em situações de extrema necessidade, como *ultima ratio*.

A privação da liberdade pessoal, apesar de caracterizar um terrível e abominável mal, foi escolhida como sanção penal em razão da relevância das condutas previstas pelo Direito Penal que são ou deveriam ser, aquelas mais nocivas para o indivíduo e para a sociedade.

A pena privativa de liberdade, por implicar em um dano social, na medida em que gera nefastas e, em geral, irreversíveis conseqüências para o condenado, além de implicar em ônus para a coletividade que terá que lidar com um indivíduo que retornará ao convívio social após o cumprimento da sanção, deve se revestir de extrema cautela para a sua aplicação.

Inserido neste contexto, o princípio do contraditório abarca uma estrutura bem mais complexa do que, exclusivamente, o discurso dialético de partes com fins à construção da decisão final [78], pressupondo o reconhecimento de outros direitos, inerentes à expressão mais ampla que comporte o direito de defesa. O princípio do contraditório representa, verdadeiramente, uma linha hermenêutica de condução de toda a instrução processual, bem como de tratamento a ser dispensado ao polo passivo do processo penal.

Assim, o princípio do contraditório implica na prevalência do direito de defesa em face das formalidades, dos ritos e das demais regras do ordenamento jurídico.

---

[78] VERGER, Andrea. *Le garanzie della persona sottoposta alle indagini*. Padova: Cedam, 2001. p. 210.

4.2.1.3 O contraditório enquanto garantia constitucionalmente assegurada

O contraditório ao ter sido inserido no Título II da Constituição Federal de 1988 que dispõe sobre os direitos e as garantias fundamentais, foi elevado da situação de mero direito para o patamar de garantia constitucional, assegurando à coletividade a prevalência da possibilidade ampla e efetiva de defesa sobre todas as normas incriminadoras, cerceadoras da liberdade e limitadoras de direitos e bens.

Na qualidade de garantia, o princípio do contraditório é essencial não somente aos litigantes e, no caso específico da esfera penal, aos acusados em processos criminais, mas a todo e qualquer indivíduo, ainda que jamais precise se valer, concretamente, do direito de defesa, mesmo que nunca integre uma lide judicial ou administrativa.

O contraditório, enquanto garantia fundamental, disposto no topo máximo da pirâmide normativa, informa todas as atividades estatais, impedindo a promulgação de normas que possam por em risco o direito de defesa e a liberdade individual, limitando abusos e excessos tanto na fase policial quando na fase processual e, dessa maneira, combatendo as arbitrariedades e os abusos de poder.

> A injustiça de um processo é muito mais danosa que a injustiça de uma decisão, pela simples razão que a primeira tem caráter permanente, se reitera com impacto sistemático e a outra é apenas um evento singular, um fato ocasional.[79]

---

[79] No original: *L'*ingiustizia *di una procedura è molto più dannosa che l'ingiustizia di una decisione, per la semplice ragione che l'una ha carattere durevole, si reitera con impatto sistematico, l'altra è soltanto un evento singolo, un fatto occasionale.*

Mas é importante se fazer um esclarecimento para evitar equívocos que, com certa frequência, são verificados: o exercício do direito à defesa não é um dever, mas sim um ônus.

A categoria jurídica do ônus processual dita "o correto direcionamento e a justa medida das conseqüências dos possíveis comportamentos omissivos das partes"[80]. Os ônus processuais decorrem da necessidade da parte ministrar ao julgador todos os elementos que possam auxiliá-lo na formação do provimento final.

Importante esclarecer que os ônus processuais são uma necessidade que vai de encontro à satisfação do interesse da própria parte onerada que, caso deles não se desembarace, terá a perspectiva de prejuízos processuais que poderão culminar com uma sentença desfavorável.

Com relação aos atos destinados a instruir a defesa, o acusado não tem o dever de participar, mas sim o ônus de fazê-lo, em função de seus interesses e de sua vontade, com a liberdade decorrente do princípio da ampla defesa. O Estado Jurisdição tem a obrigação de facultar as situações de defesa e garantir a igualdade de oportunidades entre as partes, mas cabe ao acusado exercer ou não o seu direito, não podendo o mesmo ser compelido a isto[81].

A impossibilidade de o acusado ser obrigado a se defender no processo penal tem, também, um assento

---

In, CONSO, Giovanni et al. **IL GIUSTO PROCESSO** – ASSOCIAZIONE TRA GLI STUDIOSI DEL PROCESSO PENALE – GIUFFRÈ EDITORE: MILANO, 1998, p. 29.

80 DINAMARCO, Cândido Rangel. *A instrumentalidade do processo*. 11. ed. São Paulo: Malheiros, 2003. p. 245.

81 MARQUES, Frederico. *Instituições de direito processual civil*. 4. ed. Rio de Janeiro. v. II. p. 98

na coerência lógica, uma vez que a eficácia da corporificação da defesa, depende estritamente da contribuição e da dedicação do acusado, o que resta inviável diante do seu desinteresse.

A não contribuição do acusado para o debate processual, certamente imporá ao mesmo um ônus processual, trazendo o risco de uma sentença desfavorável, pois na disputa processual a acusação não terá suas razões questionadas, e nem será contra-atacada com provas e argumentos de defesa.

No entanto, em hipótese alguma, a recusa em participar dos atos processuais e de se defender pode ser interpretada em malefício do acusado, pois a estrutura processual pátria, em sintonia com o viés garantista do Estado brasileiro, impõe limites à *persecutio criminis*, neste sentido, o princípio da presunção de inocência[82], assegura ao suspeito, ao indiciado, ao acusado ou ao condenado em sentença condenatória recorrível a inocência até o trânsito em julgado de sentença condenatória.

Como decorrência da presunção de inocência, o dever de provar cabe à acusação que, caso não obtenha êxito na busca de elementos probatórios, não poderá sustentar a exordial acusatória, propiciando a ocorrência de uma inevitável sentença absolutória.

Dentro desta premissa, o acusado, mesmo não contribuindo, nem ao menos minimamente para a instrução da lide penal, recusando as possibilidades de defesa que lhe são asseguradas, poderá e será absolvido caso a

---

[82] Art. 5 (...)
LVII – ninguém será considerado culpado até o trânsito em julgado de sentença penal condenatória.

acusação não comprove a autoria e a materialidade do delito em debate.

4.2.1.4 O objeto do contraditório

O objeto do contraditório refere-se à admissibilidade dos atos processuais ou seja, à licitude, à utilidade e ao cabimento de cada um dos atos processuais que compõem a estrutura procedimental denominada processo.

São objetos do contraditório, *v.g.*, as questões relativas à adimissão de uma prova e à declaração de invalidade de um ato processual. Sobre estas situações será estabelecida uma análise, em contraditório entre as partes, para que se verifique a relevância e a pertinência das mesmas para o processo.[83]

As questões de direito material, não se confundem com aquelas que constituem o objeto do contraditório. As primeiras podem ou não integar o debate processual, pois o próprio sujeito, de ante mão, pode verificar se o ato jurídico preenche os requisitos legais que o informam e, caso não constate a existência dos referidos pressupostos, pode encerrar a questão neste exame individual e pessoal, não levando a questão dessa forma, para a esfera processual.

Na hipótese da questão de direito material ser incluída na lide, a mesma pode ser controvertida ou não, pois os litigantes podem concordar com a solução para a situação sem divergências. Somente nas situações de desacordo das partes processuais, haverá a questão controvertida e, apenas nestas situações será instaurado o

[83] FAZZALARI, Elio. *Istituzioni di diritto processuale. op cit* p. 88.

contraditório[84] que recairá sobre todos os atos preparatórios da decisão final, sendo esta uma condição fundamental de validade e eficácia do provimento.

De grande importância esclarecer que o objeto do contraditório não o *dizer* e o *contradizer*[85] sobre a questão controvertida, não é o blá blá blá sobre o direito material. A *discussão que se trava no processo sobre a relação de direito material*[86] poderá ser o conteúdo do debate entre as partes, mas não caracteriza o objeto do contraditório que consiste no juízo de admissibilidade que recai sobre os atos processuais. Juizo este que resulta do debate igualitário das partes que podem apresentar agurmentos e contra-argumentos sobre a pertinência de cada ato preparatório do provimento.

Cumpre ressaltar, por fim, que o objeto do contraditório não se confunde com a essência do referido princípio que é a simétrica igualdade de possibilidades dos indivíduos que sofrerão os efeitos do provimento.

4.2.1.5 Contraditório como princípio da defesa: um passo além da construção de Elio Fazzalari para o processo penal

Fazzalari permitiu que o contraditório assumisse tônus compatível com a democracia e assegurasse a participação plena e efetiva das partes, mas a obra de Fazzalari, padece do mesmo mal que os estudos de autor que se propõe a desenvolver uma teoria geral do processo,

---

84 FAZZALARI, Elio. *Istituzioni di diritto processuale. op ci.*. p. 89.

85 No original: *dire e contraddire*. *In*:FAZZALARI, Elio. *Istituzioni di diritto processuale. op cit.* p 89.

86 GONÇALVES, Aroldo Plínio. *Técnica processual e teoria geral do processo.* Rio de Janeiro: Aide, 1992,. p. 127.

propõe-se uma transfusão do processo civil para processo penal.

O resultado dessa transposição de institutos e pontos de vista do processo civil para o processo penal gera profundas distorções.

Em primeiro lugar, a implementação do direito civil em uma situação concreta implica, grande parte das vezes, na satisfação de um direito fundamental, *v.g.* patrimônio, saúde, educação e, de outro lado, a aplicação do direito penal implica, exclusivamente, em imposição de sanção.

Não é por outra razão que tantos autores vinculam a forma de desenvolvimento do processo penal ao modelo de Estado ou vice-versa, pois o que se discute no processo penal, em última análise, é a maneira como o Estado se relaciona com o povo, na medida em que se está diante da seara do Direito que detém os principais mecanismos jurídicos de restrição a direitos.

Por este motivo, a proteção que o processo penal confere à sociedade não é pela simples punição ao agressor, até porque em relação ao fato criminoso, o Estado tem o dever de desenvolver políticas públicas de prevenção ao crime e não supor e sustentar que exista proteção na reação após a lesão a um bem jurídico, ou seja, prevenção e proteção não podem se confundir com retaliação, vingança, punição.

A tutela social advém da existência de limites que contenham o Estado nas hipóteses de intervenção em liberdades individuais, ou seja, as garantias individuais no processo penal, quando asseguradas, tem o condão de reforçar a tutela da liberdade de cada integrante da sociedade, uma vez que um processo penal desenvolvido fora dos limites pré-estabelecidos e com desrespeito às garantias é uma ferramenta de opressão e perseguição generalizada.

Em segundo lugar, o processo civil parte da premissa as partes são iguais a priori e eventuais desigualdades serão identificadas e superadas durante o processo. Ao contrário, o processo penal, como regra, tem partes cuja desigualdade se constata *a priori*. Fora de um ambiente que estipule limites, o Estado sempre se imporá sobre o indivíduo e não é por outro motivo que o processo penal é um instrumento de contenção do Estado.

Dessa forma, a equiparação de armas ou paridade de armas que Fazzalari buscou na Corte Europeia de Direitos Humanos para ditar o conteúdo do princípio do contraditório tem destinatário certo no processo penal: o acusado.

As prerrogativas de contraditor não são adequadas ao Ministério Público. A sua aplicação representaria violação à igualdade por oferecer condições de superação de debilidades para a parte hipersuficiente.

Não existe um único indivíduo que consiga opor resistência ao Estado, senão em um ambiente em que se estabeleça limites e controles, como deve ocorrer no processo penal.

Além disso, a partir de 1988, o Ministério Público abandona o papel de singelo órgão de acusação para assumir o nobre mister de guardião da ordem jurídica, do regime democrático e dos interesses individuais e sociais indisponíveis, tornou-se essencial à função jurisdicional do Estado.

Para cumprir a atribuição constitucional e exercer o papel de representante da sociedade, o Ministério Público tem que se vincular ao único critério jurídico de aferição da vontade popular no processo penal: a lei.

Ao contrário da lei que deriva de processo legislativo válido do qual participam representantes eleitos do povo, todas as demais formas de se tentar aferir a vontade popular redundam em espaços ilegítimos em que o representante da sociedade subverte o seu papel e passa a impor para sociedade, na sua perspectiva individual, o que deveria a sociedade desejar, inclusive em casos nos quais adere a manifestações de vontade de ocasião e lhes reputa sem critérios objetivos e muito menos científicos como vontade da maioria, ou quando se deixa levar pela produção que veículos de comunicação fazem e classificam como vontade da sociedade.

O Ministério Público denuncia uma pessoa porque é obrigado a fazê-lo nos casos em que houver prova da materialidade e indícios de autoria, como é obrigado a pedir o arquivamento do inquérito quando não houver justa causa e estará vinculado à imputação como critério de construção da instrução probatória para, ao final, em alegações finais, ainda pelo princípio da obrigatoriedade, pedir a condenação caso haja provas da responsabilidade e a absolvição em cenário diverso.

5

UMA PROPOSTA PARA A CONSTRUÇÃO DA VERDADE NO PROCESSO PENAL

A aferição da verdade no processo penal consiste no pressuposto de uma decisão de condenação ou de absolvição, cujos efeitos interferirão sobre os direitos fundamentais dos destinatários do provimento e, por isso, fundamentam a necessidade de limites e vínculos formais que, em um juízo precipitado, podem denotar um prejuízo à livre investigação histórica ou científica.

Mas, ao contrário, são as normas penais e processuais penais, especialmente os direitos fundamentais que limitam o conteúdo material indissociável da concepção de democracia[1], os instrumentos que asseguram a verdade processual.

Somente a partir de uma rigorosa epistemologia judicial alicerçada sobre a legalidade estrita e a instrução em contraditório, é possível construir uma deontologia para o juízo penal.

A escolha da codificação como meio de organização das regras jurídicas implica em amplas consequências na questão da linguagem no direito[2], especialmente na

---

1 TOURAINE, Alain. *O que é a democracia?* Petrópolis: Vozes, 1996. p. 42-46.

2 HASSEMER, Winfried. *op cit.* p. 15.

esfera penal, em que "diferentemente de outros ramos do direito, o direito penal tem o dever de se expressar de uma maneira determinada"[3].

> A lei é, por um lado, o ponto de cristalização da teoria do direito e da teoria do método, e por outro, da dogmática; [...] é, em síntese, o centro de um empreendimento gigantesco relativo à significação dos símbolos de linguagem.[4]

Como primeiro desdobramento, a estrita legalidade exige do legislador a tipificação de condutas delituosas "dotadas de referências empíricas unívocas"[5] e, ademais, regula a forma de verificação e de refutação das hipóteses acusatórias, bem como as condições e critérios para aceitação ou não aceitação das mesmas como verdadeiras[6].

A instrução em contraditório, como segundo elemento caracterizador da epistemologia judicial, apta à construção da verdade em sintonia com o modelo de Estado vigente, assegura a oportunidade de verificação das hipóteses acusatórias, ainda que limitada pelas regras positivadas, e principalmente, garante a possibilidade de refutação das mesmas.

No exercício da Jurisdição, como decorrência do critério de participação democrática, o Estado é obrigado

---

3 No original, *A diferencia de otras ramas del derecho, el derecho penal tiene el deber de expresarse de una manera determinada. Ibdem.* p. 21. (Tradução livre).

4 No original, L*a ley es, por um lado, el punto de cristalización de la teoria del derecho y de la teoria del método, y por el outro, de la dogmática; (...) es, en síntesis, el centro de una empresa gigantesca relativa a la significación de los símbolos del lenguaje.* Ibdem. p. 15-16. (Tradução livre).

5 FERRAJOLI, Luigi. Prológo da obra de GUZMÁN, Nicolas. *op cit.* p. IV.

6 *Ibdem.*

a franquear a participação daqueles que, potencialmente, sofrerão as consequências do ato oficial em suas esferas de direito, na fase de instrução do provimento "na simétrica paridade de suas posições"[7] com igualdade de oportunidades entre si.

No processo penal, são legitimados a participar da construção do provimento o acusado, a vítima direta, quando esta houver e a sociedade, a quem interessa tanto o *jus puniendi* quanto o *jus libertatis*.

Na verdade, o *jus puniendi* somente consistirá em mecanismo de proteção da sociedade se, no desenvolvimento processual, forem respeitados os direitos e garantias individuais, sob pena de se constituir, a pretexto de tutelar a sociedade, um instrumento de acossamento e arbítrio.

A esfera criminal, em virtude do princípio da *ultima ratio*, tutela os bens jurídicos individuais e coletivos mais caros e, por essa razão, o fato tipificado como delito representa uma ofensa, cuja intensidade transcende a esfera de interesses de uma vítima determinada e atinge a sociedade de maneira geral e, por este motivo, o Ministério Público, na condição de representante da sociedade e defensor do regime democrático e da ordem jurídica[8], em regra é o titular do *jus perserquendi in judicio*[9] e oferecerá ou não a denúncia diante da existência ou

---

7 No original: *nella simmetrica parità delle loro posicione*. In FAZZALARI, Elio. *Istituzioni di diritto processuale. op cit.* p. 83.

8 CR/88-Art. 127. O Ministério Público é instituição permanente, essencial à função jurisdicional do Estado, incumbindo-lhe a defesa da ordem jurídica, do regime democrático e dos interesses sociais e individuais indisponíveis.

9 CPB-Art. 100. *A ação penal é pública, salvo quando a lei expressamente a declara privativa do ofendido.*

não dos requisitos legais exigidos para a regularidade da peça, independentemente da vontade da vítima direta.

Da mesma forma como o exercício do *jus puniendi* em regra independe da vontade da vítima direta do suposto crime, igualmente a defesa técnica no processo penal será obrigatória, sendo irrelevante o interesse e a vontade do acusado, na medida em que a defesa do *jus libertatis* é essencial para a sociedade como um todo porque uma condenação, fruto de um processo no qual inexistiu defesa, é um precedente que fragiliza não apenas ao figurante no pólo passivo do processo penal, mas a todos em geral, abrindo caminho para o manejo do *jus puniendi* como instrumento de opressão e perseguição.

Apesar de integrar o processo na condição de parte, o órgão ministerial é equidistante em relação aos interesses em jogo na lide penal, o *jus puniendi* e o *jus libertatis*, "dois interesses igualmente fortes e importantes. Se o interesse repressivo diz respeito a toda a sociedade, de vez que o crime rompe com as condições de estabilidade no meio social, não é menos verdade que a sociedade tem interesse na efetiva tutela do direito de liberdade. A liberdade não interessa apenas ao acusado num processo criminal. A liberdade humana é o maior fenômeno do Universo, e o direito (o direito processual em particular) é a ciência que tem mira garanti-la e assegurá-la"[10].

A missão institucional do Ministério Público, enquanto titular do direito de perseguir em juízo, "faz dêle uma parte *sui generis*, uma parte pública, uma parte a que se cometem funções que não são de parte, mas sem lhe tirar êste caráter"[11].

---

10 ARAÚJO, Sérgio Luiz de Souza. *op. cit.* p. 19.

11 TORNAGHI, Helio. *Instituições de processo penal.* op cit. p. 138.

Assim, no processo penal estabelece-se um debate plural com a participação da sociedade, do acusado e da vítima e a partir dos elementos fornecidos pelas partes, forma-se um conjunto ao qual estará adstrito o juiz para decidir conforme a sua subjetividade e pessoalidade, mas limitado pelos elementos fornecidos pelas partes e pela legalidade estrita.

As partes também se submetem a limites na instrução, sendo que "determinadas regras indicam como deve ser o procedimento probatório e as características que deve reunir cada um dos meios de prova para que possam fundamentar uma sentença condenatória"[12].

A dúvida, aceita como resultado possível, converte-se em favor do acusado (*in dubio pro reo*), como decorrência da presunção de inocência, cuja consagração constitucional "não supõe renunciar a um processo penal eficaz. Pelo contrário, se entende que a eficácia do processo penal deriva de seu caráter de meio civilizado de persecução e repressão da delinquência; civilizado enquanto respeita os direitos e liberdades básicas dos cidadãos" [13].

O controle da atividade decisória do juiz ocorrerá por meio da fundamentação sobre argumentos cognoscitivos de fato e re-cognoscitivos de direito, prevista

---

12 "*... determinadas reglas indican cómo debe ser el procedimiento probatório y las características que debe reunir cada uno de los medios de prueba para que puedan fundamentar una sentencia de condena.*" LÓPEZ, Mercedes Fernández. o*p cit.* p. 107. (Tradução livre)

13 "*... no supone renunciar a a un processo penal eficaz. Por el contrario, se entiende que la eficacia del proceso penal deriva ahora de su carácter de medio civilizado de persecución y represión de la delincuencia; civilizado en tanto respeta los derechos y libertades básicas de los ciudadanos. Ibdem*. p. 139. (Tradução livre)

constitucionalmente[14], facultando-se às partes, e mesmo a outros jurisdicionados, o conhecimento das razões de convencimento do juiz e, caso discorde da compreensão esposada no ato decisório e deseje, a parte sucumbida poderá questionar por recurso próprio.

Importante frisar que a decisão jurisdicional deixa de ser um ato isolado do juiz e passa a ser construída coletivamente, pois o conjunto instrutório a partir do qual será prolatada a decisão, será exclusivamente construído pelas partes.

[14] CR/88 – Art. 93.
IX – todos os julgamentos dos órgãos do Poder Judiciário serão públicos, e fundamentadas todas as decisões, sob pena de nulidade, podendo a lei limitar a presença, em determinados atos, às próprias partes e a seus advogados, ou somente a estes, em casos nos quais a preservação do direito à intimidade do interessado no sigilo não prejudique o interesse público à informação;

CONCLUSÃO

1. A Inquisição, tanto no período medieval quanto na idade moderna, consistiu em movimento político-religioso que, sob o argumento de luta contra o diabo, promoveu uma perseguição indiscriminada e intolerante à diversidade de opiniões e de crenças, como o objetivo de estruturar uma sociedade cristã sólida e ordenada que se submetesse aos excessos e desmandos de uma minoria eclesiástica ávida pela perpetuação no poder.
2. A verdade real assumiu na Inquisição a condição de finalidade da atividade processual e se sedimentou como um dos eixos estruturantes do processo inquisitório, uma vez que fornecia o estofo para fundamentar todos e quaisquer abusos e violações praticados para a aferição do fato ocorrido.
3. Não obstante as alterações jurídico-políticas e ideológicas promovidas como consequência do movimento iluminista e da Revolução Francesa, na prática os avanços concretos não guardaram sintonia com o discurso formal garantista e os princípios materiais do processo inquisitório não chegaram a ser refutados.
4. Contemporaneamente, no ordenamento jurídico brasileiro, a verdade real, ainda encontra fiéis

adeptos na doutrina e na *praxis* judiciária e, apesar de alguns profissionais do Direito alterarem o adjetivo que acompanha a palavra verdade, em geral não chegam sequer a refletir sobre o sentido ou as consequências do brocardo.

5. Os Tribunais pátrios e, com maior gravidade os Tribunais Superiores, não raro utilizam a verdade real como um meta-argumento que se sobrepõe ao dever de fundamentação concreta e efetiva imposto pela ordem democrática e positivado na Constituição da República de 1988.
6. A busca da verdade real tem sido o mote para uma série de violações às limitações do *jus puniendi* e às garantias e direitos individuais, permitindo a vigência de uma arbitrariedade e de uma pessoalidade no exercício jurisdicional nocivas à consolidação da natureza democrática do Estado.
7. A filosofia desenvolveu diversas teorias que explicam a verdade no processo: teorias da correspondência, pragmatistas, coerentistas, teoria semântica e teorias da linguagem.
8. A teoria da correspondência explica de maneira mais satisfatória a concepção tradicional da verdade no processo penal, concebida como tarefa de reprodução da realidade pretérita, na averiguação objetiva da verdade histórica.
9. Relevante é a necessidade de manutenção da verdade enquanto valor no provimento jurisdicional, mas é imperiosa a escolha de um método para a aferição da verdade no processo penal claro e com correção formal compatível com o modelo de Estado pátrio.

10. Para o presente momento jurídico-político e histórico, a teoria da correspondência mostra-se inadequada como critério para a aferição da verdade no processo penal sob o aspecto teórico, ideológico e prático.
11. Do ponto de vista teórico, a expressão da verdade enquanto produção mental, sofre a interferência das inúmeras contingências de linguagem, fruto da multiplicidade de culturas, de vocabulários e de significações e, dessa maneira, a verdade estaria reduzida a uma simples criação humana.
12. Sob o aspecto ideológico, a teoria da correspondência, utilizada no processo inquisitorial medieval e moderno, contribuiu para a formação de uma estrutura de segregação e opressão, mascarada sob o argumento de apuração do fato ocorrido e de descoberta da verdade absoluta.
13. E segundo a perspectiva prática, a presença do ser humano como interventor na formação dos atos processuais, impregna o âmago do exercício jurisdicional com as fragilidades inerentes à essência humana.
14. A relatividade da verdade aferida como resultado do exercício da atividade jurisdicional lhe é imanente, da mesma maneira como ocorre com a obtenção de qualquer outro tipo de conhecimento.
15. O presente trabalho toma por referência a teoria da linguagem em Gadamer, cuja escolha, diante da multiplicidade de teorias e de textos sobre verdade, contou com uma dose de subjetivismo.
16. A cada utilização de uma linguagem, segundo a concepção de Gadamer, opera-se o surgimento

de uma verdade peculiar e se revela algo concebido a partir de então e orientado pela compreensão pessoal e individual do intérprete.

17. No processo de construção da verdade através da linguagem, os interlocutores envolvidos devem estar dispostos a recepcionar o diverso, considerando e avaliando as razões do outro sem deixar de lado os seus argumentos e convicções.
18. O estabelecimento da linguagem para a aferição da verdade no processo penal depende da delimitação precisa do objetivo da Jurisdição e o objetivo do Estado ao monopolizar a função de dizer o direito.
19. A natureza jurídica do Estado decorre dos princípios e regras fundamentais escolhidos como alicerce jurídico do próprio Estado, seus pilares de soerguimento, para, dessa maneira, identificar-se quais as decorrências advirão para os jurisdicionados como resultado da proteção à ordem jurídica.
20. A condição de Estado Democrático de Direito deflagra decorrências diretas e incisivas para o exercício do Poder Jurisdicional, primordialmente na esfera criminal, estabelecendo, os signos através dos quais se estabelecerá a linguagem para a construção da verdade no processo, signos esses que preconizam a participação equânime das partes em contraditório na construção do provimento e o reconhecimento de limites bem definidos para a intervenção nos direitos das pessoas.

REFERÊNCIAS

ADEODATO, João Maurício. *O problema da legitimidade – no rastro do pensamento de Hanna Arendt*. Rio de Janeiro: Forense Universitária, 1989.

AGUILLAR, Fernando Herren. *Metodologia da ciência do direito*. 2. ed. São Paulo: Max Limonad, 1999.

AMBOS, Kai. *Processo penal europeu*. Rio de Janeiro: Lumen Juris, 2008.

AMODIO, Ennio. *Mille e uma toga: Il penalista tra cronaca e favola*. Giuffrè Editore: Milano, 2010.

ANCEL, Marc. *Utilidade e métodos do direito comparado*. Trad. Sérgio José Porto. Porto Alegre: Sérgio Fabris, 1980.

ANDRADE, Manuel da Costa. *Sobre as proibições de prova em processo penal*. Coimbra: Coimbra Editora, 1992.

ANGELIS, Vanna de. *Le streghe*: storia di donne che nacquero fate e morirono amanti del diavolo. 2. ed. Padova: Piemme, 2003.

ARAÚJO, Sérgio Luiz Souza. *Dos preâmbulos nas constituições*. Belo Horizonte: UFMG, 1989.

ARAÚJO, Sérgio Luiz de Souza. *Teoria Geral do Processo Penal*, Belo Horizonte: Mandamentos, 1999.

ARAÚJO, Sérgio Luiz Souza. *Texto didático*. Belo Horizonte: UFMG, s.d.

AVRITZER, Leonardo; DOMINGUES, Ivan (Org.). *Teoria social e modernidade no Brasil*. Belo Horizonte: UFMG, 2000. p. 207.

BACIGALUPO, Enrique. *Justicia penal y derechos fundamentales*. Madri: Marcial Pons, 2002.

BAIGENT, Michael, LEIGH, Richard. *L'inquisizione: persecuzioni, ideologia e potere*. Trad. Anna Maria Cossiga e Gabri Passalacqua. Milão: Marco Tropea Editore, 1999.

BARACHO, José Alfredo de Oliveira. *Processo constitucional*. Rio de Janeiro: Forense, 1984.

BARACHO, José Alfredo de Oliveira. *Teoria geral do processo constitucional*. *In* Revista de Direito Comparado. Belo Horizonte: Faculdade de Direito/UFMG. v. 4.

BADARÓ, Gustavo Henrique Righi Ivahy. *Ônus da prova no processo penal*. São Paulo: RT, 2003.

BARBOSA, Rui. *Juristas e retóricos. Antropologia*. Seleção, prefácio e notas de Luís Viana. Rio de Janeiro: Casa de Rui Barbosa, 1953.

BAZARIAN, Jacob. *O problema da verdade: teoria do conhecimento*. 2. ed. São Paulo: Alfa-Ômega, 1985.

BEDAQUE, José Roberto dos Santos. *Poderes instrutórios do juiz*. 2. ed. São Paulo: RT, 1994.

BENAZZI, Natale; D'AMICO, Matteo. *Il libro nero dell'inquisizione*. 9. ed. Falta a cidade: Piemme, 2002.

BOBBIO, Noberto. *A era dos direitos*. Rio de Janeiro: Campus, 1992.

BOBBIO, Noberto. *Teoria do ordenamento jurídico*. Brasília: UnB/Polis, 1989.

BONAVIDES, Paulo. *Teoria constitucional da democracia participativa:* por um direito constitucional de luta e resistência, por uma nova hermenêutica, por uma repolitização da legitimidade. 2. ed. São Paulo: Malheiros, 2003.

BONI, Luis Alberto de (org.). *Escritos seletos de Martinho Lutero Ttomás Muntzer e João Calvino*. Petrópolis: Vozes, 2000.

BOVINO, Alberto. *Principios políticos del procedimiento penal*. Buenos Aires: Del Puerto, 2005.

BRANDÃO, Cláudio. *Introdução ao direito penal*. Rio de Janeiro: Forense, 2002.

______________. *Tipicidade penal* - Dos elementos da dogmática ao giro conceito do método entimemático. 1. ed. Coimbra: Almedina, 2012.

BÜLLOW, Oscar Von. *La teoria de lãs excepciones procesales y los pressupuestos procesales*. Trad. LICHTSCHEIN, Miguel Angel Rosas. Buenos Aires: Ejea, 1964.

CADEMARTORI, Sergio. *Estado de direito e legitimidade*: uma abordagem garantista. 2. ed. Campinas: Millenium, 2007.

CANETTI, Elias. *Massa e* poder. Trad. Sérgio Tellaroli. São Paulo: Companhia das Letras, 1995.

CÁRCEL, Ricardo Garcia. *L'inquisizione*. Trad. Stefano Baldi. Milão: Fenice 2000, 2004.

CARNELUTTI, Francesco. *As misérias do processo penal*. Trad. Luís Fernando Lobão de Morais. São Paulo: Edicamp, 2001.

CHIOVENDA, GIUSEPPE. *Instituições de direito processual civil*. Trad. Paolo Capitanio. Campinas: Book Seller, 1998.

CHOUKR, Fauzi Hassan. *Código de processo penal* – comentários consolidados e crítica jurisprudencial. Rio de Janeiro: Lumen Juris, 2005.

CINTRA, Antônio Carlos de Araújo; GRINOVER, Ada Pellegrini; DINAMARCO, Cândido R. Teoria geral do processo. 13. ed. São Paulo: Malheiros, 1997.

COHEN, L. Jonnathan. *The probable and the provable*. Oxford: Clarendon Press, 1977.

CONDÉ, Mauro Lúcio Leitão. *As teias da razão*: Wittgenstein e a crise da racionalidade moderna. Belo Horizonte: Argvmentvm, 2004.

Constituição 1988. 25. Ed. Brasília: Câmara dos Deputados, 2005.

CORDERO, F. *Procedura* penale. 4. Ed. Milão: Giuffrè, 1977.

CORDEIRO, António Menezes. *Introdução ao direito da prestação de contas*. Lisboa: Almedina, 2008.

Corpus Iuris Civilis. Dig. 48, 19, 5. Obra publicada entre os anos 529 – 534, por ordem do Imperador Bisantino Justiniano.

COSTA Jr., Paulo José. *Direito penal na constituição*. 2. ed. São Paulo: Editora Revista dos Tribunais, 1991.

COUTINHO, Jacinto Nelson de Miranda. *Crítica à Teoria Geral do Direito Processual Penal*. Rio de Janeiro: Renovar, 2001.

COUTURE, Eduardo J. *Estúdios de derecho procesal civil*. Buenos Aires: Depalma, 1978.

CRISTIANI, Antonio. *Manuale del nuovo porcesso penale*. Torino: Gippichelli, 1989.

DALLARI, Dalmo de Abreu. *Elementos da Teoria Geral do Estado*. 19. ed. São Paulo: Saraiva, 1995.

DEGANELLO, Mario. *I criteri di valutazione della prova penale* – scenari di diritto giurisprudenziale. Turim: Giappichelli Editore, 2005.

Dicionário acadêmico de grego-português/ português-grego. Porto: Porto Editora, 2008.

DINAMARCO, Cândido Rangel. *A instrumentalidade do processo*. 11. ed. São Paulo: Malheiros Editores, 2003.

ECO, Umberto. *Como se faz uma tese*. São Paulo: Perspectiva, 1989.

ENGISCH, Karl. *Introdução ao pensamento jurídico*. Trad. João Baptista Machado. Lisboa: Fundação Calouste Gulbenkian, 2001.

FAZZALARI, Elio. *Conoscenza e valori saggi*. Torino: G. Giappichelli, 1999.

FAZZALARI, Elio. *Istituzioni di diritto processuale*. 8. ed. Padova: Cedam, 2001.

FERNANDES, Antonio Scarance. *Processo penal constitucional*. 4. ed. São Paulo: Revista dos Tribunais, 2005.

FERRAJOLI. Luigi. *Direito e razão*: teoria do garantismo penal. São Paulo: Revista dos Tribunais, 2002.

FERRAZ JÚNIOR, Tercio Sampaio. *A ciência do direito*. 2. ed. São Paulo: Atlas, 1986.

FERRI, Enrico. *Os criminosos na arte e na literatura*. Trad. Dagma Zimmermann, Porto Alegre: Ricardo Lenz, 2001.

FERRUA, Paolo; GRIFANTINI, Fabio M; ILLUMINATI, Giulio; ORLANDI, Renzo. *La prova nel dibattimento penale*. G. Giappichelli Editore: Torino, 2005.

FOCAULT, Michel. *A verdade e as formas jurídicas*. 3. ed. Rio de Janeiro: Departamento de Letras da PUC Rio, 2005.

FRANCO, Alberto Silva, STOCO, Rui. *Código de processo penal e sua interpretação jurisprudencial*. 2. ed. São Paulo: Revista dos Tribunais.

FRANK, Jerome. Courts on trial: myth and realism in American justice. Princeton: Princeton University, 1973.

FREITAS, Jéssica Oníria Ferreira de. *Na contramão da democraticidade: a permanência do juiz inquisidor no processo penal brasileiro*. 2014. Dissertação (Mestrado) – Faculdade de Direito, Universidade Federal de Minas Gerais, Belo Horizonte, 2014.

FREITAS, Ricardo Brito A. P. *As razões do positivismo penal no brasil*. Rio de Janeiro: Lumen Juris, 2002.

FREUD, Sigmund. *Edição standard brasileira das obras psicológicas completas de Sigmund Freud*. Lembranças encobridoras. Trad. Jayme Salomão. Rio de Janeiro: Imago Editora, s.d. Vol. III (1893-1899).

GADAMER, Hans-Georg. *Verdade e método I: traços fundamentais de uma hermêutica* filosófica. 8. ed. Trad. Flávio Paulo Meurer. Petrópolis: Editora Vozes, 2007.

GARAPON, Antoine. *Bem* julgar: ensaio sobre o ritual judiciário. Trad. Pedro Filipe Henriques. Lisboa: Instituto Piaget, 1997.

GARAPON, Antoine. *O juiz e a* democracia: o guardião das promessas. Trad. Maria Luiza de Carvalho. Rio de Janeiro: Revan, 2001.

GIL, Antônio Carlos. *Como elaborar projetos de pesquisa*. São Paulo: Atlas, 1991.

GONÇALVES, Aroldo Plínio. *Técnica processual e teoria geral do* processo. Rio de Janeiro: Aide Editora, 1992.

GÔSSEL, Karl Heinz. *En búsqueda de la verdad y la justicia*. Fundamentos del procedimiento penal estatal con especial referencia a aspectos jurídico-constitucionales y político-criminales. México: Editorial Porrúa, 2002.

GREVI, Vittorio. *Alla ricerca di um processo penale giusto*. Milano: Giuffrè Editore. 2000.

GRINOVER, Ada Pellegrini; GOMES FILHO, Antonio Magalhães; FERNANDES, Antonio Scarance. *Recursos no processo penal*. 2. ed. São Paulo: Revista dos Tribunais, 1999.

GUZMÁN, Nicolas. *La verdad en el proceso penal: una contribuición a la epstemología jurídica*. Prólogo de Luigi Ferrajoli. Buenos Aires: Editores del puerto, 2006.

HAACK, Susan. Filosofia das lógicas. São Paulo: Ed. da UNESP, 2002.

HÄBERLE, Peter. *Hermenêutica constitucional*. A sociedade aberta dos intérpretes da constituição: contribuição para a interpretação pluralista e "procedimental" da constituição. Trad. Gilmar Ferreira Mendes. Porto Alegre: Sergio Antonio Frabris Editor, 2002.

HASSEMER, Winfried. *Crítica al derecho penal de hoy*. Trad. Patricia S. Ziffer. Colômbia: Universidad Externado de Colombia, 1997.

HASSEMER, Winfried. *Direito penal libertário*. Trad. Regina Greve. Belo Horizonte: Del Rey, 2007.

HAURIOU, Maurice. *Principios de derecho público y constitucional*. Trad. Carlos Ruiz del Castillo. Madri: Reus.

HECK, Philipp. *El problema de la creacion del* derecho. Barcelona: Ediciones Ariel, 1961.

HOUAISS: dicionário da língua portuguesa. 2. ed. Rio de Janeiro: Instituto Antônio Houaiss, 2004.

IBÁÑEZ, Perfecto Andrés. *Acerca de la motivación de los hechos en la sentencia penal*. Edição Digital: Doxa, 1992. Cuadernos de Fisolofia del Derecho. P. 257-299.

IRVIN, Dale T., SUNQUIST, Scott W. *História do movimento cristão mundial*. Trad. José Raimundo Vidigal. São Paulo: Paulus, 2004. Vol I.

JARDIM, Afrânio Silva. *Ação penal pública – princípio da obrigatoriedade*. 4. ed. Rio de Janeiro: Forense, 2001.

JARDIM, Afrânio Silva. *Direito processual penal*. 11. ed. Rio de Janeiro: Forense, 2005.

KIRCHMANN, Julio Germán Von. *El character a-científico de la llamada ciencia del derecho*. Trad. Werner Goldschmidt, 1949.

KUHN, Thomas S. *The estructure of scientific revolutions*. 2. ed. International Encyclopedia of Unified Science. Chicago: The University of Chicago Press, 1962. Vol 2, número 2.

LEAL, Rosemiro Pereira. *Teoria geral do processo:* primeiros estudos. 7. ed. São Paulo: Forense, 2008.

LOPES JR., Aury. *Direito processual penal e sua conformidade* constitucional. 3.ed. Rio de Janeiro: Lumen Juris, 2008.

LOPES, Mônica Sette. *O jogo: um paradigma para a execução*. Separata. Revista Trabalhista. Vol. 1.

LOPES, Mônica Sette. *Os precedentes e o sistema: a realidade e os mecanismos de solução de conflitos*. Revista Trabalhista. Vol IV.

LÓPEZ, Mercedes Fernández. *Prueba y presunción de inocência*. Madri: Iustel, 2005.

LUCIO III PP, Decreto *Ad abolendam*, 4 de novembro de 1184, en *Bullarum diplomatum et privilegiorum Sanctorum Romanorum Pontificum. Taurinensis: 1858*, Torino.

LOZZI, Gilberto. *Lezioni di procedura penale*. 5. Ed. Turim: G. Giappichelli, 2002.

LUISI, Luiz. *Os princípios constitucionais penais*. Porto Alegre: Sérgio Antonio Fabris Editor, 1991.

MACIEL, Adhemar Ferreira. *O devido processo legal e a constituição brasileira de 1988*, *in* Revista de processo. São Paulo: Revista dos Tribunais, 1997. Ano 22, janeiro-março, ISSN 0100-1981.

MAIER, Julio B. J., *Derecho procesal penal*, Buenos Aires: Editores Del Puerto, 1999.

MARICONDE, Alfredo Vélez. *Derecho procesal penal*. 2. ed. Buenos Aires: Lerner, 1969. T. I.

MARQUES, Carlos Henrique Alvarenga Urquisa. *Tortura: de método a crime*. 2014. Dissertação (Mestrado) – Faculdade de Direito, Universidade Federal de Minas Gerais, Belo Horizonte, 2014.

MARQUES, Daniela de Freitas. *Sistema jurídico-penal do perigo proibido e do risco permitido*. Porto Alegre: Sérgio Antonio Fabris Editor, 2008.

MARQUES, José Frederico. Elementos de Direito Processual Penal – vol 3. Campinas: Bookseller.

MARQUES, Leonardo Augusto Marinho. O juiz moderno diante da fase de produção de provas: as limitações impostas pela constituição. **Revista da Faculdade de Direito do Sul de Minas**, v. 24. 2007, p. 159-174.

MARTINS, Rui Cunha. *A hora dos cadáveres adiados: corrupção, expectativa e processo penal. São Paulo: Atlas, 2013.*

________________. *O ponto cego do direito: the brazilian lessons*. 2. Ed. São Paulo: Atlas, 2013.

MARTÍNEZ, G. Peces Barba. *Curso de derechos fundamentales:* teoría general. Madri: Universidade Carlos III de Madri, Boletim Oficial do Estado, 1995.

MELLO, Celso Antônio Bandeira de. *Elementos de direito administrativo*. São Paulo: Revista dos Tribunais, 1980.

MIGUEL, Carlos Ruiz. *La configuración constitucional del derecho a la intimidad*. Madri: Tecnos, 1995.

MIRABETE, Julio Fabbrini. *Processo penal*. 17. ed. São Paulo: Atlas, 2005.

MIRANDA, Jorge. *Teoria do estado e da constituição*. Rio de Janeiro: Forense, 2003.

MITTERMAYER, C.J.A. *Trattato della prova in materia penale*. Palermo: Stabilimento Tipgrafico-librario dei Fratelli Pedone Lavriel, 1857.

MONTESQUIEU. *O espírito das leis*. São Paulo: Martins Fontes, 2005

MORATÓ, Jordi Cortés; RIU, Antoni Martínez. *Diccionario de filosofia Herder*. Barcelona: Herder, 1997.

MUÑOZ CONDE, Francisco. *Búsqueda de la verdad en el proceso penal*. Buenos Aires: Hammurabi, 2000.

MÜLLER, Friedrich. *Quem é o povo?* A questão fundamental da democracia. São Paulo: Max Limonad, 1998.

NAZARIO, Luiz. *Autos-de-fé como espetáculos de massa*. São Paulo: Associação Editorial Humanitas – Fapesp, 2005.

NETTO, Joaquim Cabral. Instituições de Processo Penal. Belo Horizonte: Del Rey, 1997.

NORONHA, E. Magalhães. Curso de direito processual penal. 25. ed. São Paulo: Saraiva, 1997.

NUCCI, Guilherme de Souza. *O valor da confissão como meio de prova no processo penal*. 2. ed. São Paulo: RT, 1999.

NUCCI, Guilherme de Souza. *Manual de processo e execução penal*. São Paulo: RT, 2005.

NUCCI, Guilherme de Souza. *O valor da confissão como meio de prova no processo penal*. 2. ed. São Paulo: RT, 1999.

OLIVEIRA, Eugênio Pacelli. *Curso de processo penal.* 10. ed. Belo Horizonte: Del Rey, 2008.

OLMEDO, Jorge A. Clariá. *Derecho procesal penal.* Buenos Aires: Rbinzal – Culzoni, sd. t. I.

Orlandi, Mariagrazia. *La nuova cultura del giusto processo nella ricerca della verità.* Giuffrè Editore: Milano, 2007.

PARDO, Miguel Angel Montañés. *La presunción de inocência:* análisis doctrinal y jurisprudencial. Pamplona: Aranzadi, 1999.

PASCAL, Blaise. *Pensamentos.* Trad. Sérgio Millieit. 2. ed. São Paulo: Abril Cultura, 1979.

PEÑA, Antonio. *La garantia em el estado constitucional de derecho.* Madri: Trotta, 1997.

PISANI, Andrea Proto. *Lezioni di diritto processuale civile,* 2. ed. Napoli: Jovene Editore, 1996.

POPPER, Karl R. *La posizione gnoseologica della teoria della conoscenza evolutiva,* in *Tre saggi sulla mente umana,* Roma: Armando Editore, 1994.

PRADO, Geraldo Luiz Mascarenhas. *Sistema acusatório: a conformidade constitucional das leis processuais penais.* Rio de Janeiro: Lumen Juris, 1999.

PUIG, Santiago Mir. *Derecho penal – parte general.* 5. Ed. Barcelona: Tecfoto, 1998.

RAMACCI, Fabrizio. *Corso di diritto* penale. 2. ed. Turim: G. Giappichelli Editore.

REALE, Miguel. Lições preliminares de direito. 22. ed. São Paulo: Saraiva, 1995.

RICCI, Gian Franco. Principi di diritto processuale generale. Torino: G. Giapichelli, 1995.

ROBBINS, Rossell Hope. *The encycopedia of Witchcraft and demonology.* Nova Iorque: Hardcover, 1959.

RORTY, Richard. *Contingency, irony, and solidarity.* Cambridge: Cambridge University Press, 1989.

ROUBIER, Pablo. *Teoria general del derecho*. Trad. José M. Cajica Júnior. Puebla: Editorial José M. Cajica Jr., s.d.

SALES, Sheila Jorge Selim. *Escritos de direito penal*. Belo Horizonte: Movimento Editorial da Faculdade de Direito da UFMG, 2004.

SAMPAIO, José Adércio Leite. *Direito à intimidade e à vida privada:* uma visão jurídica da sexualidade, da família, da comunicação e informações pessoais, da vida e da morte. Belo Horizonte: Del Rey, 1998.

SANCINETTI, Marcelo A. *La violación a la garantia de la imparcialidad del tribunal*: la doctrina del Tribunal Europeo de Derechos Humanos e de la Comisión Interamericana de Derechos Humanos y su aplicación AL 'caso Cabezas' Buenos Aires: *Ad hoc*, 2001.

SANTOS, Boaventura de Souza. *A crítica da razão indolente*: contra o desperdício da experiência. 6. ed. São Paulo: Cortez, 2007.

SCHMITT, Carl. *Sobre os três tipos do pensamento jurídico*. Trad. Peter Naumann. In, MACEDO JR, Ronaldo Porto. *Carl Schmitt e a fundamentação do direito*. São Paulo: Max Limonad, sd.

SINGH, Simon. *O último teorema de Fermat*. 4. ed. Trad. Jorge Luiz Calife. Rio de Janeiro: Record, 1999.

SOARES, Rafael Santos. *Nulidades no processo penal: entre a relativização das formas e proteção aos direitos fundamentais do imputado*. 2014. Dissertação (Mestrado) – Faculdade de Direito, Universidade Federal de Minas Gerais, Belo Horizonte, 2014.

SOUSA, Marllon. *Parâmetros para a admissibilidade da prova colhida pelo agente infiltrado em organizações criminosas*. 2014. Dissertação (Mestrado) – Faculdade de Direito, Universidade Federal de Minas Gerais, Belo Horizonte, 2014.

SUANNES, Adauto. *Os fundamentos éticos do devido processo penal*. 2. ed. São Paulo: Revista dos Tribunais, 2004.

TARSKI, Alfred. A concepção semântica da verdade: textos clássicos de Tarski. Org. Cezar Augusto Mortari, Luiz Henrique de Araújo Durtra. Trad. Celso Reni Braida, Cezar Augusto Mortari, Jesus de Paula Assis, Luiz Henrique de Araújo Dutra. São Paulo: Editora UNESP, 2007.

TARUFFO, Michele. La prova dei fatti giuridici. Milão: Giuffrè Editore, 1992.

________________. La fisionomia della sentenza in Itália. In La sentenza in Europa. Padova: CEDAM, 1988.

TARZIA, Giuseppe. Lineamenti del nuovo processo di cognizione. Milano: Giuffrè, 1996.

TOBEÑAS, Jose Castan. Situaciones juridicas subjetivas. Madrid: Instituto Editorial Reus, 1963.

TONINI, Paolo. Giusto processo – nuove norme sulla formazione e valutazione della prova. CEDAM: Padova, 2001.

TOURAINE, Alain. O que é a democracia? Petrópolis: Vozes, 1996.

TORNAGHI, Helio. Instituições de processo penal. Rio de Janeiro: Forense, 1959.

TORNAGHI, Helio. A relação processual penal. 2. ed. São Paulo: Saraiva, 1987.

TOURINHO FILHO, Fernando da Costa. Manual de processo penal. 9. ed. São Paulo: Saraiva, 2007.

Tribunal Constitucional Espanhol, Cuestiones de Inconstitucionalidade, Pleno, Número de registro: 1344 e 1412/1987 (acumulados), Referência número: 145/1988, julgado em 12/7/1988, publicado em 19/08/1988 (BOE núm. 189).

Universidad de Alcalá de Henares. Diccionario para la enseñanza de la lengua española para brasileños. São Paulo: Martins Fontes, 2008.

VARGAS, José Cirilo. Direitos e garantias individuais no processo penal. Rio de Janeiro: Forense, 2002.

VERGER, Andrea. Le garanzie della persona sottoposta alle indagini. Padova: CEDAM, 2001.

VERRI, Pietro. Ossevazioni sulla tortura. Roma: Newton Compton, 1994.

VIEHWEG, Theodor. Tópica e jurisprudência. Trad. Tércio Sampaio Ferraz Júnior. Brasília: Imprensa Nacional, 1979.

VILANI, Maria Cristina Seixas. Cidadania moderna: fundamentos doutrinários e desdobramentos históricos. In Cardeno de Ciências Sociais. Belo Horizonte: PUCMinas. Dez 2002.

WALDRON, Jeremy. Theories of Rights. Oxford: Oxford University, 1984

ZAFFARONI, Eugenio Raúl. A palavra dos mortos: conferências de criminologia cautelar. São Paulo: Saraiva, 2012.

ZAFFARONI, Eugenio Raúl. Em busca das penas perdidas: a perda da legitimidade do sistema penal. Trad. Vânia Romano Pedrosa e Amir Lopes da Conceição. Rio de Janeiro: Renava, 1991.

ZAFFARONI, Raul Eugenio. Tratado de derecho penal – parte general. Buenos Aires: Ediar.

Endereços eletrônicos

http://portalexame.abril.com.br

http://veja.abril.com.br

http://www.boe.es

http://www.cervantesvirtual.com/portal/DOXA/

http://www.ibccrim.org.br

http://www.stf.jus.br

http://www.stj.gov.br

Impresso em agosto de 2016